HISTOIRE

DE

SAINT LIÉVIN.

Arras. — Typ. de E. Lefranc.

HISTOIRE

DE

SAINT LIÉVIN

ARCHEVÊQUE ET MARTYR,

PAR

M. L'ABBÉ ROBERT,

Curé du Transloy, ancien curé de Merck-Saint-Liévin, membre de plusieurs Sociétés historiques et littéraires.

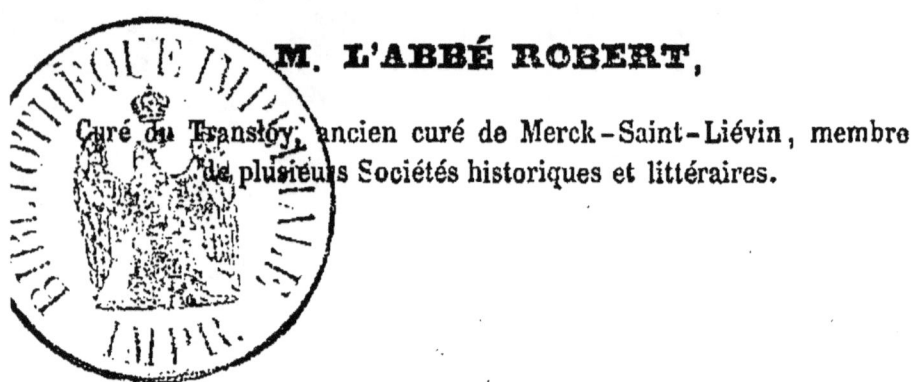

ARRAS,

E. LEFRANC, IMPRIMEUR-LIBRAIRE,

RUE SAINT-MAURICE, 26.

—

1856.

APPROBATION.

Pierre-Louis PARISIS,

Par la miséricorde de Dieu et la grâce du Saint-Siége apostolique, Évêque d'Arras, de Boulogne et de Saint-Omer,

Nous avons fait examiner un livre ayant pour titre : ***Histoire de saint Liévin***, par M. l'abbé Robert, et comme rien de ce qu'il renferme n'est opposé à la foi ni aux mœurs, nous en autorisons la publication.

Arras, le 25 mars 1856.

Pour Monseigneur :

WALLON-CAPELLE, Vic. gén.

AVERTISSEMENT.

La véritable histoire de la société, selon M. Guizot, se trouve consignée tout entière dans celle des églises, aussi est-il reconnu aujourd'hui que l'étude approfondie des vies des saints est indispensable pour connaître la première moitié des annales de notre patrie, et nous ajouterons, afin d'atteindre le but que nous nous sommes proposé dans ce livre, qu'elle est surtout nécessaire pour former les jeunes cœurs à la pratique de toutes les vertus chrétiennes.

La vie des saints, en effet, abonde en enseignements utiles; et comme ils ont donné leurs noms à la plupart de nos temples, à plusieurs de nos cités et de nos bourgades, de même, observateurs parfaits de la loi divine; ils ont laissé des exemples à suivre, pour toutes les classes, pour tous les sexes, comme pour toutes les conditions. C'est pourquoi, parmi la multitude infinie de ces bienheureux qui jouissent actuellement de la gloire de Dieu, un seul va faire ici l'objet de nos études : saint Liévin, si renommé dans la Belgique et le nord de la France, et sa vie, puisée à des sources certaines, nous retracera tour à tour ses miracles éclatants, ses vertus héroïques, ses travaux nombreux.

Puissent ces récits pieux et intéressants relever notre courage, au milieu de l'incrédulité de notre époque, où, comme l'a dit si énergiquement Châteaubriand, l'ancienne société semble périr avec la politique chrétienne dont elle est sortie.

Et d'abord nous ne nous dissimulons pas les difficultés de notre tâche, alors qu'il s'agit de statuer sur des extraits de chroniques anciennes, ce dédale si obscur des saints d'Écosse et d'Angleterre.

Mais de l'avis de Ghesquières (1), tenant un juste milieu entre l'ignorante crédulité qui admet tout sans preuve et l'incrédulité non moins ignorante qui rejette tout sans examen, nous donnerons consciencieu-

---

(1) Atque hinc, meo quidem judicio, nec omnia quæ refert, pro veris, neque omnia pro falsis haberi debent. (Comment. de vita sancti Levini, *Act. Sanctorum Belgii,* die 12 nov.)

sement tout ce qui a été écrit ou dit avant nous sur ce grand apôtre de la Flandre.

Or, grâce à une foule de documents historiques que nous avons compulsés dans plusieurs bibliothèques publiques et privées, inconnus qu'ils étaient à la plupart des bibliophiles, nous nous efforcerons de suivre nos devanciers, pour donner à notre légende, essentiellement populaire, une véritable couleur de ces âges pieux, afin que, sans l'étalage d'un style recherché, elle arrive, selon Fontenelle, à toutes les oreilles et frappe tous les yeux (1).

Maintenant que les prétendus sages du siècle se rient de ceux qui croient aux miracles, nous, d'après la véritable agiographie, nous marcherons, quoique de loin, sous les bannières des Montalembert (2), des Lacordaire (3), des dom Pitra (4), nous rappelant qu'il est des hommes dont le nom seul fait autorité, et qu'il est convenu de croire sur parole.

Qui n'aime pas la candide simplicité des Mabillon,

---

(1) J'ai composé ce livre au profit de l'église de Merck-Saint-Liévin, pour l'usage des nombreux pèlerins qui la fréquentent.

(2) *Vie de sainte Élisabeth.*
(3) *Vie de saint Dominique.*
(4) *Vie de saint Léger, évêque d'Autun.*

notre guide principal; des Lecointe, des Goscelin, en un mot de ces savants Bollandistes, l'orgueil et la gloire de la religieuse Belgique, nous pourrions ajouter de l'Église entière?

Bien des siècles avant nous, la biographie de saint Liévin fut écrite par Hucbalde, religieux d'Elnon. Il la dédia à Baldéric, évêque d'Utrecht. Cette vie, si recommandée par Pierre, archidiacre de Cambrai, n'existe plus, selon notre opinion (1).

Déjà, longtemps auparavant, saint Boniface, le premier de tous, avait retracé la vie du bienheureux Pontife. Mayer et Malbrancq (2), d'après un manuscrit de Clairmarais (3), auraient confondu ce pieux auteur avec un saint Archevêque du même nom; mais

---

(1) *Vita sancti Lebvini presbyteri et confessoris*, scriptâ ab Hucbaldo Elnonensi monacho, ad Baldericum Episcopum Trajectensem, exstat in antiquis mss. exemplaribus, multumque commendatur a Petro archidiacono Cameracensi. (Surius, *Vitæ sanctorum*, 12 nov.)

(2) Livinus est cujus res adhuc manuscriptæ Bonifacium Moguntiæ Archiepiscopum anno 750, auctorem habent. (Malbrancq, t. 1, c. 3, p. 281.)

(3) Clairmarais, ancien village d'Artois, situé à cinq kilomètres nord-est de Saint-Omer (Pas-de-Calais). On y voyait, avant 1793, une abbaye célèbre bâtie, vers le milieu du douzième siècle, par saint Bernard lui-même et le comte Thierry d'Alsace.

la vérité est, selon Adrien Baillet et Pacot (1), que cette vie serait d'un écrivain du douzième ou du treizème siècle, opposés en cela au R. P. Leclercq (2), l'attribuant plutôt à un autre Boniface, religieux de Saint-Bavon à Gand.

Cependant Ghesquières, dans son commentaire, est intimement persuadé que cet ouvrage date du commencement du onzième siècle, contrairement à ce qu'a écrit le moine Goscelin (3), qui prétend à son tour que cette vie a été composée sur la prière des trois disciples de saint Liévin, ainsi qu'il appert dans la vie attribuée à saint Boniface, archevêque de Mayence : « *Fideli sanctorum sociorum commendatione descripta.* » Mais partageant l'avis d'Adrien Baillet (4), nous répéterons avec lui que cette vie écrite par le prétendu Boniface, qu'on suppose contemporain de saint Liévin, et publiée par Nic. Serrarius et Mabillon, avec ses remarques, parmi les actes des saints Bénédictins du second siècle de l'ordre (5), ne peut être que l'œuvre d'un auteur du douzième

(1) T. 3, p. 232.
(2) *Vie de saint Liévin,* édit. de 1651; Lille.
(3) Apud Bollandist., t. 6, p. 393.
(4) *Vie des Saints,* édit. de 1725.
(5) Mabillon in observation. præviis ad vitam sancti Livini insertam secundo sæculo Benedictino p. 453.

ou du treizième siècle, ainsi que nous venons de le dire, « parce qu'il rapporte des choses qui ne peuvent être connues au septième siècle, où vivait saint Liévin et où l'auteur voulait aussi faire croire qu'il vivait. De sorte que si l'original était d'un auteur contemporain, il a été corrompu par ceux qui l'ont enflé d'additions. »

Dans ses recherches sur la Morinie, dom Ducrocq émit également cette opinion (1) :

« N'allez pas ici, dit ce religieux, confondre Boniface de Mayence avec celui que le R. P. Serrurier fait, dans ses notes sur la vie de saint Kilien, Archevêque de Mayence. Ce Prélat est bien postérieur à l'autre, qui ne fut jamais Archevêque. De plus, c'est que les disciples, d'où le révérend P. Nicolas Serrurier prétend que son Boniface a tiré la vie de saint Liévin, sont saint Kilien, martyr, Coloman, et Topman, ses compagnons, mais qui ne le furent jamais de saint Liévin. Bien au contraire, ceux qui suivirent ce grand serviteur de Dieu dans ses missions, furent saint Kilien, confesseur, Écossais de nation, comme l'autre, saint Follian, et saint Helli. Par conséquent, ce bon religieux s'est trompé et a pris un Boniface et

---

(1) Dom Ducrocq, religieux bénédictin de l'ancienne abbaye de Samer.

un saint Kilien pour d'autres qui portaient le même nom, et qui n'ont pu par conséquent lui rien apprendre de saint Liévin. Outre tout cela, c'est que saint Boniface, Archevêque, qui est mort martyr en Allemagne en 754, n'était encore qu'un enfant, *vix pueritiam agebat*, quand saint Liévin est mort ; comment donc aurait-il pu apprendre de ses disciples la vie du saint dont il s'agit ?

« Voici encore une autre marque qui prouve qu'il y a eu deux Boniface : celui de Mayence, et qui n'a jamais pris dans aucune de ses lettres la qualité de pécheur ; au lieu que l'autre, qui a parlé de saint Liévin, l'a prise au commencement de l'ouvrage, où il a fait l'éloge de ce zélé missionnaire (1). »

(1) Voici dans toute son intégrité la préface de saint Boniface, que nous avons traduite du latin, et qui déjà est un très-bel éloge de saint Liévin (voir le texte à la fin, aux pièces justificatives n° 1):

« Le pécheur Boniface, serviteur des serviteurs de Notre-Seigneur Jésus-Christ, à toutes les églises qui, sous l'autorité de la sainte et indivisible Trinité, sont bâties sur la pierre inébranlable, salut et gloire éternelle qu'il leur souhaite au jour de la suprême félicité des élus.

« Le vénérable triomphe par lequel le bienheureux Liévin, notre père et bien-aimé Pontife en Notre-Seigneur, a vu couronner son glorieux martyre, nous a justement engagé à rendre à sa mémoire le magnifique tribut de nos hommages

Quoi qu'il en soit, nous allons tracer ici notre biographie, nous appuyant, à l'exemple de Ghesquières, sur des auteurs dignes de foi ou sur la tradition de quelqu'Église importante : « *Fide digno primum tra-*

et de notre bonheur. Les sublimes vertus qu'a si généreusement pratiquées ce saint confesseur de Jésus-Christ, nous ont été retracées par les soins de ses trois disciples, Follian, Helli et Kilien, et c'est d'après leur récit que nous les exposons à votre vénération. Ces trois enfants du saint Évêque, qu'enflammait une mutuelle charité, après avoir tout quitté, et touchés de la seule espérance des biens célestes, s'appliquèrent d'un commun accord à marcher sur les traces de leur bien-aimé maître, à se conformer à ses exemples et à suivre jusqu'à ses moindres maximes. Aussi, se jetant à nos pieds et nous embrassant les mains, sont-ils venus tout en larmes nous supplier d'une voix plaintive de retracer à la postérité les vertus de Liévin. Sans doute, notre faiblesse, bien connue, nous disait assez de décliner un pareil honneur; mais, d'autre part, la force et la tendresse de notre légitime amour pour Liévin, ainsi que l'humble supplique de ses chers enfants, nous ont fait surmonter cette secrète répugnance, que nous inspirait du reste le seul respect que nous portions au fond de l'âme pour le saint Pontife ; et enfin notre esprit, défiant de lui-même, devant tant d'instances réitérées, s'abandonna à l'influence de l'Esprit-Saint, et, fort de son secours coopérateur, nous nous sommes rendu à leur généreuse demande et nous avons écrit à la louange et à la gloire de notre père Liévin, ces pages dignes, selon nous, de l'étude de la postérité. »

dita, vel constanti insignis alicujus ecclesiæ traditione nixa. »

Puissions-nous, par ce nouvel essai, rendre encore hommage à la mémoire de saint Liévin, augmenter son culte si célèbre déjà dans la paroisse qui porte son nom, *Merck-Saint-Liévin* (1), et être pour plusieurs un sujet d'avancement dans la voie du salut !

(1) Canton de Fauquembergues, arrondissement de Saint-Omer, département du Pas-de-Calais.

A tous les endroits où l'on invoque d'une manière spéciale l'intercession de saint Liévin, et dont nous parlerons dans la suite de cette histoire, nous pouvons ajouter ici, comme appartenant au diocèse d'Arras, le village de Rumaucourt, doyenné d'Oisy. Il y a dans l'église de cette paroisse une confrérie en l'honneur de saint Liévin; et de tous les lieux environnants on y vient en pèlerinage pendant toute l'année, mais surtout le jour même du martyre du saint, le 12 novembre. On y invoque saint Liévin pour obtenir le don d'une bonne mort.

AVANT-PROPOS.

Les miracles sont-ils possibles ? Celui qui a dit à la mer : Tu viendras jusque-là, ici tu briseras l'orgueil de tes flots (1), a voulu, par ce miracle de tous les jours, montrer aux philosophes et aux sceptiques qu'il pouvait également faire d'autres prodiges non moins incompréhensibles, soit par lui-même, soit par quelque autre favorisé de ses dons.

Saint Paul ne nous dit-il pas que Dieu a convaincu de folie la sagesse de ce monde ? « *Nonne stultitiam fecit Deus sapientiam*

---

(1) Usque huc venies, et hic confringes tumentes fluctus tuos. (Job, c. 38, v. 11.)

hujus mundi (1), » conformément à ces paroles du prophète Isaïe : « Je détruirai la sagesse, et rejetterai la science des savants : *Peribit enim sapientia à sapientibus ejus* (2). »

Écoutons maintenant notre divin Sauveur confondre les incrédules de son temps, à l'occasion d'une guérison miraculeuse : « Quel est le plus facile de dire : Vos péchés vous sont remis, ou de dire : Levez-vous et marchez ? Or, afin que vous sachiez que le Fils de l'Homme a sur la terre le pouvoir de remettre les péchés, levez-vous, dit-il au paralytique, emportez votre lit, et allez-vous-en dans votre maison. Au même moment, il se leva, et s'en alla chez lui (3). »

Eh bien ! cette puissance dont il avait la plénitude, Notre-Seigneur l'a communiquée à ses apôtres et à leurs successeurs, je veux

---

(1) S. Paul. Ep. Cor., c. 1.
(2) Isaï, c. 29, v. 5.
(3) S. Matth., c. 9, v. 5.

parler du don des miracles : « *Dedit apostolis Jesus virtutem et potestatem super omnia dæmonia et ut languores curarent.* »

Aussi dès les premières pages des actes apostoliques nous lisons le célèbre miracle opéré par saint Pierre et saint Jean, à la face d'une ville entière.

« Un paralytique, boiteux dès sa naissance, que l'on portait tous les jours à la porte du temple de Jérusalem appelée la Belle-Porte, demandait l'aumône à ceux qui y entraient... Saint Pierre lui dit : Levez-vous, au nom de Jésus de Nazareth, et marchez ; il se leva tout d'un coup en sautant et entra avec eux dans le temple : tout le peuple le vit comme il marchait et comme il louait Dieu (1). »

---

(1) Et quidam vir qui erat claudus ex utero matris suæ, bajulabatur; quem ponebant quotidiè ad portam templi... ut peteret eleemosynam ab introeuntibus in templum... (Petrus) allevavit eum et protinus consolidatæ sunt bases ejus et plantæ, et exiliens stetit et ambulabat : et intravit... in tem-

Voilà deux faits dont la conséquence nécessaire est : cet *affligé a été guéri, et huit mille personnes crurent en lui* (1).

Nous dirons donc, pour en revenir à la possibilité du miracle : Dieu donnant des lois à la nature, comme souverain arbitre de toutes choses, s'est de plus réservé le pouvoir de déroger à ces lois, par lui-même ou par ses agents, lorsqu'il le jugerait convenable, afin de réveiller l'attention des hommes, de les instruire et de leur intimer des préceptes positifs.

Aussi, c'est un point incontestable, et du reste fort peu contesté de nos jours, qu'il y a eu des miracles très-fréquents, pendant les cinq ou six premiers siècles de l'Église, et que tous les jours il s'en opère encore. Le bras de Dieu n'est pas raccourci,

---

plum ambulans et exiliens et laudans Deum : et vidit omnis populus... et impleti sunt stupore. (Act. Apost., cap. 3.)

(1) Tria millia et quinque millia virorum Christo crediderunt. (S. Joan. Chrysost.)

nous dit saint Augustin; il s'est fait des miracles pour convertir le monde, et il s'en est fait depuis que le monde s'est converti (1).

Ce saint docteur raconte, en effet, un grand nombre de miracles arrivés de son temps, la plupart sous ses yeux, ou avec sa parfaite connaissance.

Saint Grégoire-le-Grand rapporte des prodiges qu'il donne comme certains : à son exemple, tous les Pontifes jusqu'à nos jours l'ont reconnu dans mille circonstances, et juridiquement prouvé, devant un tribunal renommé par ses lumières, ses sages lenteurs, ses précautions, toutes les fois qu'il s'est agi de la béatification et canonisation d'un serviteur de Dieu.

Qui pourrait douter des miracles d'un saint François Xavier, cet apôtre des Indes et du Japon ; de ceux d'un saint Charles

---

(1) S. Augustin, lib. 22. *Civit. Dei*, cap. 8.

Borromée, d'un saint François de Sales, convertissant soixante-dix mille disciples de Calvin ?

Eh bien, longtemps avant eux, les Patrice en Irlande, les Augustin en Angleterre, et, citons notre héros, les Liévin dans la Flandre avaient opéré des prodiges qui les ont rendus vénérables à l'univers, par la conversion de peuples infidèles et de hordes sauvages. Maintenant nous citerons, pour preuve dernière, Justinien, qui, dans le recueil de ses lois, livre 1er, a consigné la merveille suivante. Il relate que durant la persécution d'Hunéric, roi des Vandales, ce prince ayant fait couper la langue jusqu'à la racine à un certain nombre de catholiques, ceux-ci se répandirent dans l'empire romain et continuèrent à parler *miraculeusement, au grand étonnement de chacun.*

De même dans toute l'histoire ecclésiastique, nous lisons une suite non interrompue de prodiges de ce genre, qui se sont renouvelés jusqu'à nos jours, et, avec l'abbé Rousselot (1), nous dirons : Pie VII et Grégoire XVI, dans une période de trente-deux ans, ont inscrit solennellement de nos jours, à la face du monde, dix bienheureux au catalogue des saints, or, chacun sait que, pour la canonisation d'un serviteur de Dieu, il faut au moins quatre *miracles bien et dûment constatés.*

Qu'on ne vienne pas nous objecter l'éloignement des temps par rapport aux prodiges qu'opéra de son vivant saint Liévin; ce que Dieu peut aujourd'hui, il a pu le faire il y a douze siècles; car alors les merveilles de ce saint Archevêque ont été prouvées par des témoins oculaires qui ont versé leur sang pour sa cause, ainsi que l'attestent divers auteurs aussi consciencieux qu'érudits.

---

(1) L'abbé Rousselot, vicaire général de Grenoble : *Notice historique sur l'événement de la Salette.*

Enfin, pour mieux convaincre nos lecteurs touchant les miracles nombreux qu'a faits saint Liévin, nous en citerons d'autres absolument semblables, tous tirés de l'Evangile ou de la vie des saints ; en sorte que, pour nier ceux de notre glorieux martyr, il faudra se résigner à rejeter bravement l'Écriture sainte ainsi que l'histoire de l'Église, car le doigt de Dieu est véritablement là : *Digitus Dei est hic*.

Eglise de Merck St Liévin.
(Pas-de-Calais.)

HISTOIRE
DE
SAINT LIÉVIN

ARCHEVÊQUE ET MISSIONNAIRE.

PREMIÈRE PARTIE.

CHAPITRE PREMIER.

SA NAISSANCE; PRODIGES QUI L'ONT PRÉCÉDÉE.

> *Virum approbatum a Deo..... virtutibus et prodigiis et signis quæ fecit Deus per illum.*
> (Act. Apost., c. 2.)
>
> Il fut un homme de Dieu, fameux par les merveilles, les prodiges et les miracles que Dieu a opérés par lui.

Issu d'une noble et puissante famille d'Écosse (1), saint Liévin naquit vers la fin du sixième siècle, sous

---

(1) Butler, 12 novemb.; *Bréviaire d'Arras.* — L'abbé Destombes, *Vies des saints de Cambrai*, t. 1, p. 115, et l'abbé Normand, *Galerie des saints de la Belgique*; Bruxelles, 1841.

le règne de Coloman, son proche parent (1). Confident des secrets de ce prince (2), son père, riche gentilhomme, se nommait Théagne. C'était le plus puissant seigneur de la cour, comme aussi le plus vénéré, tant pour sa haute sagesse que pour son extrême prudence dans le maniement des affaires (3). Son épouse Agalmie, princesse de la plus haute vertu, descendait des anciens rois d'Irlande, par Iphiginie son père (4). C'est donc à tort que plusieurs historiens ont fait naître saint Liévin en Irlande : ils ignoraient, sans doute, que de son temps ce pays s'appelait également Écosse.

L'Irlande, en effet, habitée autrefois par les Écossais, avait été gouvernée par les princes de cette nation (5).

Venus de la Scythie ou Gothie, puis maîtres de l'Irlande, ils pénétrèrent plus tard dans la Grande-

---

(1) Colomanus, rex Scotiæ, sancto Livino consanguineus. (Mabill., t. 1, c. 3, p. 282.) — *Biblioth. sacrée* de Richard, t. 15, p. 229. — Ms. n° 8941 de la bibliothèque de Bourgogne, à Bruxelles.

(2) Dom Ducrocq, religieux bénédictin de l'abbaye de Samer.

(3) *Hist. de saint Boniface* et le R. P. Leclercq.

(4) Chrétien Massé et le R. P. Leclercq. — *Brev. Gand.*, de Beaumont, Episc., 1805 : Livinus, patre Theagnio, matre Agalmia, nobilitate æque ac pietate illustribus, in Scotia natus.

(5) *Acta sanct. Bened.*, t. 6, augusti, fol. 607.

Bretagne, où ils occupèrent la partie septentrionale, et établirent ainsi un royaume qu'ils nommèrent Écosse, nom qui lui est resté jusqu'à nos jours.

C'est là que les parents de Liévin, au milieu d'une cour brillante, coulaient des jours heureux, dans l'accomplissement des préceptes divins et la pratique de toute sorte de bonnes œuvres.

Dieu ne laissa point longtemps sans récompense tant de vertus ; car de cette union bénie du Ciel, il leur accorda bientôt un enfant dont la sainteté éminente fut révélée par une vision toute céleste.

Ces dignes époux la regardèrent comme le présage de l'éclat que leur fils devait répandre un jour dans l'Église par sa piété et ses lumières.

Boniface, Malbrancq et le révérend père Leclerq rapportent que pendant une nuit, du samedi au dimanche, Théagne et Agalmie virent descendre du ciel, sur leur front, une colombe mystérieuse qui remplit d'une éclatante lumière le palais du prince et vint les envelopper tous deux de ses ailes blanches. Elle laissa couler de son bec trois gouttes du lait le plus pur, sur les lèvres de l'épouse, puis s'envola vers le ciel, laissant après elle une trace de lumière, et répandant tout autour l'odeur la plus agréable (1). D'après Ghesquières, cette ap-

---

(1) Cum nocte quadam dominica, conjugali thoro decumbentes, semivigili primum oculo vident columbam cœlo de-

parition miraculeuse de la colombe ne serait qu'une tradition populaire : « *Narrationibus aut ex populi fama haustis accenseo apparitionem columbæ.* »

Toutefois, Mabillon nous dit que Liévin, nouveau Jean-Baptiste, fut sanctifié dès le sein de sa mère, et que, comme le saint précurseur, il tressaillit d'allégresse (1).

Dès l'aube du jour, le duc et sa noble compagne, surpris d'un tel prodige, ainsi que de l'agréable parfum dont ils étaient embaumés, mandèrent près d'eux saint Ménalque, frère du prince et Archevêque d'Édimbourg (2), à qui ils firent part de ce prodigieux événement.

Étonné, comme eux, d'une merveille si extraordinaire, il leur adressa ces paroles prophétiques : « Cette vision est pour nous, ainsi que pour plusieurs nations païennes, le présage d'une salutaire allégresse. Par la miséricorde divine, il naîtra de vous un enfant qui, sanctifié dans votre sein, Agalmie, et rempli du lait spirituel de la grâce, deviendra un Évêque célèbre, la lumière de la patrie, et le plus intré-

---

volantem lecticæ apicem suaviter incidere, ore melliffuo mundissimi liquoris tres guttulas Agalmiæ labiis instillare. (Malbrancq, *de Morinis*, t. 1, p. 282.)

(1) Hunc sanctum a Deo ex matris utero sanctificatum. (Ex mss. *Codice Alnensi* a Mabillonio edito.)

(2) Dom Ducrocq.

pide défenseur des lois de Dieu pour le salut des hommes. »

En effet, quelque temps après cette prédiction, la vertueuse princesse donna le jour à un enfant qui fut pour la cour et le royaume entier l'objet d'un fête célébrée par toute sorte de réjouissances. Le ciel même parut partager cette joie commune ; car, « au grand étonnement de tous, d'après l'Archevêque Boniface, il resplendit d'une clarté si pure et si étincelante que jamais on n'avait vu chose pareille. »

Aussi chacun augura que cet enfant aimé de Dieu devait, selon la prédiction de son oncle, devenir assurément un jour la lumière des hommes, la gloire de l'Église, et le protecteur puissant de l'Écosse.

Cette vision, si surprenante qu'elle soit, n'est cependant pas unique, car l'histoire ecclésiastique rapporte qu'une lumière miraculeuse apparut également à la naissance de saint Saulbert, comme à celle de notre bienheureux, ainsi qu'une colombe mystérieuse à l'élection du Pape Fabien qui, d'après Eusèbe, fixa le choix du peuple, lorsqu'il la vit, à son grand étonnement, descendre tout à coup sur la tête du Pontife : « *Cum nemo de Fabiano cogitaret, columba e sublimi delapsa, repente capiti ejus insedisse fertur.* »

De plus la légende de saint Jean Népomucène parle d'une flamme brillante qui, à la naissance de ce martyr de la confession, apparut miraculeusement au-dessus de l'habitation de ses parents : « *Flammis supra nascentis domum mirabiliter collucentibus* » (*Brev. rom.*, 17 *maii*.)

CHAPITRE II.

BAPTÊME DE SAINT LIÉVIN.

> *Dilectus Deo et hominibus, cujus memoria in benedictione est.*
>
> C'est le bien-aimé de Dieu et des hommes, dont la mémoire est en bénédiction.

Pendant ce temps, la Providence avait dirigé vers le roi Coloman un religieux de Saint-Benoît, nommé Augustin, le grand apôtre de l'Angleterre, devenu plus tard Archevêque de Cantorbéry.

Assisté de ce digne Prélat, Ménalque, oncle paternel du jeune Liévin, lui administra le sacrement de baptême, présenté qu'il fut sur les fonts par le même saint Augustin, ainsi que par le roi et la reine son épouse (1). Or, pour honorer la mémoire d'un de ses oncles, saint Livin martyr, ancien Évêque de Du-

---

(1) Le R. P. Ribadeneira, *Fleurs de la vie des Saints*, t. 3. — *Breviarium Atrebat.*

blin (1), on lui imposa le nom de *Liefwyn*, qui dans la langue anglaise signifie *cher ami*. De ce mot on a fait Liwin, Livin, et Liévin (2), par la suppression de quelques lettres, mais il n'en a pas moins conservé la même signification.

Nous verrons que notre saint justifia la dénomination qui lui fut donnée. D'après Surius, il méprisa le monde et ses vanités, dont il devint l'ennemi déclaré, et pour lequel il a été crucifié, selon l'expression de l'apôtre, afin de conserver l'amitié de Dieu, dont il resta toujours le serviteur le plus fidèle. Aussi fut-il digne d'être compris parmi ceux à qui ces paroles du Sauveur s'adressèrent : « Désormais je ne vous appellerai plus esclaves, mais amis (3). »

Si nous cherchons dans les parents des grands hommes la trace et la racine des vocations éclatantes, nous remarquerons les parents si vertueux du jeune

---

(1) Dom Ducrocq. — Dom Pitra, Bénédictin, *Vie de saint Léger*. — *Vita sancti Livini*, auctore Bonifacio.

(2) Molanus. — *Prop. Gand.*, 12 nov. — *Acta sanct. Belg. Select.*, t. 3, p. 96.

(3) Quod Liefwyn patritice sit vocatus, quod romanis sonat, charus amicus, demptis quibusdam litteris dictus est Lebvinus, Livinus. Si enim quæratur cujus vir iste exstiterit amicus, nequaquam mundanorum, vel mundi istius, cui non solum fuit inimicus, sed etiam crucifixus, sicut docet Apostolus, etc. (Surius, *Vitæ sanctorum*, anno 760, 12 nov., p. 277.)

saint, ainsi que son oncle paternel, l'Archevêque Ménalque, et Liévin, Évêque et martyr, cet autre oncle aussi du côté de sa mère. Tant il est vrai de dire (1) qu'il y a toujours quelques ébauches naturelles préexistant aux apparitions sacrées, et, ajouterons-nous, quelques prodiges du Ciel.

En effet, pendant le baptême de Liévin on vit descendre sur sa tête une colonne de lumière plus brillante que les rayons du soleil ; sa main droite, qui devait bénir les peuples, resplendit comme l'or, et des voix célestes chantaient : « C'est le bien-aimé de Dieu et des hommes, dont la mémoire est en bénédiction : *Dilectus Deo et hominibus cujus memoria in benedictione est* (2). » Le roi et les saints Évêques, touchés de ce miracle si étonnant, ainsi que toutes les personnes présentes à cette cérémonie, rendirent au Seigneur mille actions de grâce. Nous savons qu'un

(1) Sainte-Beuve, *Revue des deux mondes*, t. 2, 1834.
(2) Malbrancq, t. 1, p. 282. — Mabillon, sæcul. 2, p. 457. — Le R. P. Leclercq. — Goscelin rapporte ainsi ce fait miraculeux, dans les *Acta sanct. Bened.*, sæcul. 1, p. 549, apud Bolland, t. 6, p. 393 : Tunc insuper baptizatum solaris splendoris columna coram omnibus alluxit, et in splendore aurea sole micantior dextera apparens, ter puerum signo crucis benedixit, atque vox cœlica in hæc verba sonuit : « Dilectus Deo et hominibus, cujus memoria in benedictione est. » — Dom Pitra, *Vie de saint Léger*. — Sæcul. 2 Bened. — *Vita sancti Livini*.

tel prodige eut lieu lors du baptême de Notre-Seigneur par saint Jean. Le Saint-Esprit apparut en forme de colombe, sur la tête du divin Messie, et en même temps on entendit ces paroles : « Voici mon Fils bien-aimé, auquel je me suis plu : *Hic est Filius meus dilectus*, etc... »

Le baptême de saint Julien de Burgos, devenu plus tard Évêque de Cuenque en Espagne, fut accompagné d'un miracle de ce genre, ainsi que celui de l'Évêque Léontin, d'après saint Grégoire de Nazianze, environné qu'il fut d'une lumière toute céleste, lorsqu'il administra le sacrement de baptême au père de cet illustre docteur.

CHAPITRE III.

ÉDUCATION ET PREMIER MIRACLE DE SAINT LIÉVIN.

> *Præcipiebat enim spiritui immundo ut exiret ab homine : multis enim temporibus arripiebat illum.*
> (Luc, c. 8, v. 29.)
>
> Il commandait à l'esprit impur de sortir de cet homme, qu'il possédait depuis longtemps.

Ce cher enfant ainsi prédestiné de Dieu (1) fut élevé avec le plus grand soin ; ses parents s'attachaient chaque jour à le rendre de plus en plus digne de la haute vocation à laquelle le Ciel semblait l'appeler. Saintement dirigé par la piété de sa mère, on pouvait dire de lui, comme de notre divin Sauveur, qu'il croissait en sagesse et en grâce devant Dieu et devant les hommes (2).

(1) Electus Dei puer. (Mabillon.)
(2) Proficiebat sapientia apud Deum et homines. (Luc., c. 2, v. 52.)

Dès le berceau, rien de puéril ne parut en lui ; doué d'une intelligence précoce, il se distinguait des enfants de son âge par un assemblage de vertus et de talents qui indiquaient dès lors les merveilles pour lesquelles le Créateur semblait l'avoir réservé. Tout jeune encore, animé de la ferveur et de la piété la plus tendre (1), il se livrait aux saints exercices de la prière et aux pieuses pratiques de la mortification; formé de bonne heure à la sainteté et à la science (2), on ne voyait rien de léger dans sa conduite ; doux, affable envers tout le monde, il était d'une rare modestie, et la douceur de ses traits n'était que le reflet des belles qualités de son âme.

Aussi Dieu le favorisa-t-il du don des miracles dès l'âge de neuf ans (3).

Mabillon, ce savant Bénédictin, relate dans les

---

(1) L'abbé Normand, *Galerie des saints de la Belgique,* p. 179; Bruxelles, 1841.

(2) *Vies des saints du diocèse de Cambrai et d'Arras,* par l'abbé Destombes, t. 1, p. 185 ; Cambrai, 1851.

(3) Dom Ducrocq. — Le R. P. Leclercq. — Le *Bréviaire de Gand*: A primævo ætatis tyrocinio miraculis claruit. (De Beaumont, 1805.) — **Brev. Atreb.**: Adhuc puer, non pietate modo sed etiam miraculis claruit. (La Tour d'Auvergne Episc., edit. 1854.) — Le *Propre d'Arras*. (Monseigneur Parisis, édit. 1854.) — L'abbé Normand, *Galerie des saints de la Belgique*; Bruxelles, 1841.

Acta de son ordre, qu'un jour, pendant les fêtes de la Pentecôte, le père de Liévin, accompagné des puissants seigneurs de la cour, conduisait son jeune enfant dans un monastère érigé sous l'invocation de la sainte Vierge, pour assister à l'office divin et recevoir la sainte Eucharistie.

Chemin faisant, ils virent traîner vers l'oratoire de Marie deux individus garottés et possédés du démon, dont l'un avait assassiné trois personnes, deux femmes entre autres; et le second, ses propres enfants, ainsi que leur infortunée mère. Touché de ce spectacle, comme du sort qui était réservé à ces malheureux, Liévin prie son père de vouloir bien s'arrêter un instant.

« Permettez-moi, dit-il, d'implorer avec vous la bonté de Dieu tout-puissant, afin que par notre intercession il daigne manifester sa gloire. » Puis les mains et les yeux levés vers le ciel, il ajoute : « Dieu éternel, Père aidant ceux qui vous prient, assistez vos serviteurs, et exaucez notre prière ; que la grâce de votre bénédiction descende sur vos créatures qui sont surchargées du poids de leur faiblesse, afin qu'en eux votre nom soit honoré, et que vos bontés soient exaltées dans l'éternité. »

Alors, sans témoigner la moindre crainte et animé de cet esprit de foi qui transporte les montagnes, selon l'expression de Notre-Seigneur, le jeune Liévin étendit les mains sur la tête des possédés, et prononça ces nouvelles paroles : « Au nom du Père, du Fils et du Saint-Esprit, que tous les piéges du démon se retirent de vous, et que vous soyez glorifiés comme un vase d'élection, pour être la demeure de l'Esprit-Saint. »

Au même instant, une fumée épaisse mélangée de noir sortit de la bouche et des narines de ces misérables esclaves du démon, ainsi qu'un grand nombre de mouches qui s'enlevèrent et se perdirent dans les airs (1). Délivrés de ces esprits malins, ces hommes furent convertis par le saint enfant, qui les arma de la croix de Jésus-Christ ; secondés de la grâce ils abandonnèrent leurs vices, pour devenir des hommes nouveaux, et distribuer ensuite aux pauvres le peu de bien qu'ils avaient, afin de suivre les instructions de saint Liévin, et de marcher sur ses traces. L'un s'appelait Hélimas, l'autre Sophrone, mis tous deux au nombre des confesseurs de Jésus-Christ et héritiers de son royaume (2). Ainsi, ajoute Mabillon, Dieu,

(1) Manus imponit, et ecce ex ore et naribus fumat vapor teterrimus, et tunc subsecuta est horrida furvarum muscarum conglobatio. (Malbrancq, t. 1, p. 183.) — Mabillon, p. 452. — Boniface, Arch. de Mayence.

(2) Adhuc novennis, Helimam et Symphronium ab immundis spiritibus liberasse dicitur. (Dom Ducrocq.) — *Brev. Gand.*, 2 noct. — Saint Boniface. — Helimas et Symphronius, exemplo pii magistri experiuntur apud nos Deo digni, et eximii confessores haberi et cohæredes Christi. (Id.)

par ces prodiges et d'autres non moins éclatants, voulait faire connaître au monde l'illustre saint Liévin, ce serviteur chéri, dont les merveilles se répandirent bientôt dans toute l'Écosse.

Nous lisons aux Actes des Apôtres que saint Pierre guérit un malheureux tourmenté des esprits immondes : *Petrus ægrotos et vexatos a spiritibus immundis qui curabantur omnes.*

L'histoire ecclésiastique cite saint Théodore, abbé et Évêque d'Anastasiopolis, qui, encore enfant, mit en fuite le démon du corps d'un jeune païen ; comme plus tard François Xavier, dans les Indes, travaillant à la conversion des âmes, envoyait des enfants armés de sa croix et de son rosaire, pour rendre la santé aux malades, et chasser les anges de ténèbres.

CHAPITRE IV.

PROGRÈS DE SAINT LIÉVIN DANS LA PIÉTÉ ET LA SCIENCE.

> *Eruditus omni sapientia et erat potens in verbis et in operibus suis.*
> (Act. Apost., c. 7, v. 22.)
> Instruit dans toute la sagesse, il devint puissant en paroles et en œuvres.

L'éducation de saint Liévin fut confiée à un prêtre de grand mérite, saint Bénigne, Écossais de noble origine, plus noble encore par les sentiments du cœur et ses qualités vraiment sacerdotales (1).

Une grande ardeur pour l'étude seconda les heureuses dispositions de son élève. Une raison précoce, un jugement parfait, un tact exquis le faisaient toujours parler et agir avec une admirable justesse; en un mot il était doué de toutes les facultés de l'esprit (2). Aussi

---

(1) Apud Benignum presbyterum Scoticæ generositatis alte sanguinis virum. (Mabillon.)

(2) Cujus etiam subtilis intelligentiæ mirique ingenii efficaciam quis expendat? (Mabillon, t. 6, p. 452.)

avança-t-il rapidement dans les lettres, et se fit-il remarquer au milieu de ses condisciples par des chants et des poésies qui devaient plus tard lui mériter le nom de barde missionnaire (1).

Le don de la science lui fut communiqué sans mesure pour pénétrer dans l'intelligence de l'Écriture sainte et développer les mystères de la religion. Il répandait dans ses paroles l'essence du texte sacré dont son cœur était plein, et faisait ses délices de la lecture des psaumes de David ainsi que de l'Évangile, dont le lait et le miel semblaient couler de ses paroles (2).

Les poëtes profanes eux-mêmes lui étaient familiers. Il étonnait tout le monde par la pénétration et la vivacité de son génie ; malgré le soin que mettait à les cacher sa simplicité, chacun néanmoins admirait en lui ces trésors d'humilité, de science, de piété, d'amour de Dieu et de charité brûlante pour ses frères. Il foulait aux pieds la pourpre et tout l'éclat des grandeurs qui l'environnaient : il voulut vivre pauvre, méprisant toutes les distinctions que lui

(1) *Vies des saints de Cambrai et d'Arras*, par l'abbé Destombes.
(2) Cum devotæ mentis teneritudine appetens conformari et Davidicis psalmorum melodiis et sanctorum evangeliorum mellifluis lectionibus atque cæteris divinis exercitationibus perfectissime instrui. (Mabillon, p. 452.)

promettait le monde, pour ne s'attacher qu'à Dieu seul.

Ainsi que nous venons de le dire, quoique bien jeune encore, Liévin avait fait des progrès étonnants dans les sciences comme dans les arts libéraux, et très-habile dans la poésie latine, il nous a laissé une admirable épître adressée à l'abbé Florbert (1), chant de reconnaissance et de dévouement, selon l'expression d'un pieux auteur (2).

Faut-il être étonné maintenant si le religieux Goscelin avoue son impuissance pour célébrer dignement les louanges d'un aussi grand docteur (3)? Notre saint ne marchait pas moins à grands pas dans le chemin de la perfection (4); ce jeune prince, comme autrefois le roi Salomon, ne demandait à Dieu que les trésors de la sagesse; aussi répétait-il souvent du fond du cœur cette sublime prière :

« Donnez-moi cette sagesse qui est debout devant votre trône, et ne me rejetez pas du nombre de vos

---

(1) Voir plus loin le chapitre onzième.
(2) M. l'abbé Destombes, *Vies des saints de Cambrai et d'Arras*, t. 1, p. 185.
(3) Quis digne efferat tanti doctoris præconia? (Apud Bolland., t. 6, p. 393.)
(4) Stadio perfectionis adcendendo magnifice pollebat. (Mabill., sæcul. 2, p. 452.) — Hinc liberalibus ac potius sacris traditus studiis litterarum, inhians, ut ait scriptura, ad sciendam sapientiam. (Surius, 12 nov., p. 277, anno 760.)

enfants, parce que je suis votre serviteur et le fils de votre servante, un homme infirme et de peu de jours, trop faible pour comprendre vos jugements et vos lois ; et quand un homme serait consommé en prudence parmi les enfants des hommes, si votre sagesse n'est pas en lui, ses pensées seront stériles. Envoyez-la du ciel, votre sanctuaire, et du trône de votre grandeur, afin qu'elle soit avec moi, qu'elle agisse avec moi, et que je sache ce qui vous plaît ; car elle a la science et l'intelligence de toutes choses, et elle me conduira dans mes œuvres par sa modération, et me gardera par sa puissance, etc ....

« Qui d'entre les hommes peut savoir les conseils de Dieu, et qui pourra pénétrer ses volontés ? Qui saura votre pensée, Seigneur, si vous ne donnez la sagesse, et si vous n'envoyez votre esprit d'en haut, etc....

« C'est par la sagesse, Seigneur, qu'ont été guéris tous ceux qui vous ont plu dès le commencement (1). »

D'après Surius, cette sagesse ne lui fit jamais défaut : comme une mère tendre, elle le suivait et l'ac-

---

(1) Assidue optabat sapientiæ, deprecatusque Deum ex totis præcordiis dixit : « Da mihi, Domine, sedium tuarum assistricem sapientiam, et noli me reprobare a pueris tuis, etc. » (*Sapientiæ*, c. 9.) — Surius, *Vitæ sanctorum*, 12 nov., p. 277, anno 760.

compagnait partout : « *Et ostendit se illi hilariter, et obviabit illi quasi mater honorificata.* »

Il ne faut donc pas s'étonner s'il fut prudent, juste, érudit, ferme, intelligent et soumis en tout à la volonté de Dieu. Plein de grandeur d'âme dans l'adversité, plus d'une fois en sa vie son courage fut mis à de rudes épreuves. En effet, à peine son cher précepteur, le savant Bénigne, avait-il terminé son éducation, qu'il paya à la nature son tribut, par une mort prématurée. Il ne restait à Liévin qu'à se soumettre aux décrets du Ciel et à prier pour ce maître bien-aimé. L'historien Malbrancq rapporte que ses prières valurent au vertueux prêtre d'aller directement au ciel jouir de la gloire de Dieu (1).

---

(1) Eum enim precum suorum ardore purgatoriis flammis exemit. (Malbrancq, t. 1, p. 282.) — Le R. P. Leclercq.

CHAPITRE V.

NOUVEAU MIRACLE DE SAINT LIÉVIN; IL SE RETIRE DANS LA SOLITUDE.

> *Puella, tibi dico, surge et confestim surrexit puella, et ambulabat.*
> (MARC, c. 5, v. 41.)
> Ma fille, levez-vous, je vous l'ordonne, et soudain la jeune fille se leva et marchait.

Semblable à notre Sauveur, qui ressuscita son ami Lazare (1) et la fille de Jaïre, chef de la synagogue (2), saint Liévin rappela à la vie sa nourrice Salvia. Ghesquières, et nous ne savons sur quoi il s'est fondé, semble révoquer en doute ce miracle. Pour nous, il nous paraît plus rationnel de l'admettre, fort que nous sommes de l'autorité de Boniface, de Malbrancq, de Mabillon, du R. P. Leclercq et de la tradition constante de l'Église de Gand.

En effet, nous lisons dans le bréviaire de cette an-

---

(1) Joan., c. 11, v. 43.
(2) Marc., c. 5, v. 41.

tique métropole que saint Liévin rendit miraculeusement la vie à Salvia (1), ce que confirme le docte Bénédictin dont nous nous appuyons ici, lequel rapporte ce prodige en ces termes (2) :

« Sa nourrice, nommée Salvia, devint dangereusement malade, sans que nul secours humain pût lui procurer le moindre soulagement. Réduite à l'extrémité, elle le fit savoir à Liévin, qui, sur son invitation, s'empressa de venir sauver l'âme de celle qui avait eu un soin tout particulier de son corps ; mais quelque diligence qu'il fît, l'impitoyable mort l'avait prévenu, et à son arrivée Salvia n'existait plus !

« Au milieu des personnes éplorées qui entouraient le corps inanimé de cette humble servante de Dieu, il s'adresse avec larmes au souverain arbitre de la vie et de la mort. A peine avait-il terminé son ardente prière, que semblable à l'âme de Samuel évoquée par Saül (3), la pieuse fille ressuscita, levant les mains au ciel pour lui exprimer toute sa reconnaissance ; se tournant ensuite du côté des assistants, elle leur parla ainsi : « Mon âme, sortie de la prison du corps, fut conduite par une troupe d'esprits malins à travers des chemins obscurs et affreux qui vinrent aboutir à

---

(1) Salviæ nutrici sanitatem divinitus impetrasse dicitur. (*Brev. Gand.*, edit. 1805.)
(2) Mabillon, sæcul. 2, p. 453. — Le R. P. Leclercq.
(3) Reg., c. 1, v. 28.

un puits plein de feu et de soufre, où ils m'allaient précipiter, mais l'archange saint Michel, accompagné des patriarches Abraham, Isaac et Jacob, et du prince des apôtres, les arrêta par leur présence éblouissante de clarté. Saint Pierre, prenant la parole, dit à ces démons : « Gardez-vous de nuire à cette âme, car Jésus-Christ accorde aux prières de saint Liévin, son serviteur, qu'elle retourne dans son corps. » Alors ces esprits mauvais, couverts de honte, prirent la fuite, et les saints patriarches réunirent mon âme à mon corps. Nous avons donc un grand sujet de nous réjouir d'avoir ainsi un puissant avocat près de Dieu, qui, orné d'une rare piété et chasteté non pareille, est semblable aux anges, compagnon des apôtres, cohéritier des martyrs et digne de la gloire et de la compagnie des saints (1). »

Frappé de ce discours, saint Liévin adressa une courte allocution à ceux qui l'environnaient, puis leur donnant sa bénédiction, il s'éloigna d'eux. Ce miracle eut du retentissement ; on ne parlait partout que du grand serviteur de Dieu, ainsi que de ses éminentes vertus qui répandaient dans tout le royaume la bonne odeur de Jésus-Christ.

C'est alors que Dieu lui inspira l'héroïque résolu-

---

(1) L. D. C., *Vie de saint Liévin*, en flamand, édit. 1622, Gand. — Le R. P. Leclercq, p. 15. — Le *Bréviaire de Gand* édit. 1805.

tion de quitter le monde pour se retirer dans un désert, avec trois de ses amis, Follian, Hélie et Kilian. N'emportant que la beauté et la fleur de son innocence, ce jeune et chaste solitaire offrit à Dieu les prémices de son adolescence. Il rompit tous les liens de la chair et du sang, renonçant à la gloire et aux honneurs d'une cour brillante où ses talents et son illustre naissance lui donnaient tout à espérer. Ce véritable anachorète, retiré dans une solitude inconnue, s'y nourrissait de pommes et d'herbes sauvages, n'ayant que de l'eau pour toute boisson.

Son temps était employé aux exercices de la prière. Habile dans l'art d'écrire et excellent poëte, Liévin, pour se délasser, composait des hymnes sacrées, transcrivait les livres saints, afin de se procurer comme à ses compagnons quelques ressources qu'il partageait de plus avec les indigents, ainsi que nous le rapporte encore le bréviaire de Gand (1).

(1) Ut ludibria famæ populique honores securius fugeret, in eremum, cum Folliano, Elia et Killiano secessit, ubi pomis silvestribus et aqua victitans, quidquid scribendi, qua pollebat, industria lucrabatur, in pauperes erogabat. (*Brev. Gand.*, édit. de Beaumont, 1805.)

CHAPITRE VI.

SAINT LIÉVIN SE REND PRÈS DU ROI COLOMAN; SON VOYAGE EN ANGLETERRE; IL REVIENT A LA COUR.

> *Angelus Domini locutus est ad Philippum dicens : Surge et vade.*
> (ACT. APOST., c. 8, v 26.)
> Un ange du Seigneur parla à Philippe, et lui dit : Levez-vous, et allez.

Pendant ce temps, Dieu, sans doute, avait appelé à lui les pieux et nobles parents de saint Liévin, ce qui l'aura déterminé à fuir le monde, bien que ses historiens ne nous en disent mot. Chose étonnante, ce bienheureux qui avait quitté la cour, se voit recherché par elle, à cause de la haute réputation de savoir et de sainteté dont il jouissait. Le roi Coloman lui députa quelques grands de sa maison avec de riches présents, le comblant d'honneur pour l'engager à retourner dans son palais. Liévin crut devoir acquiescer à la prière du roi, afin de répondre aux vues que le Ciel avait sur lui, pour donner d'abord l'exemple de la soumission à l'autorité établie par Dieu, puis pour travailler à la réforme des abus qu'il avait pu remarquer à la cour du prince écossais.

A son arrivée, Coloman lui fit l'accueil le plus gracieux : « Bon père, lui dit-il, de ce que nous avons ouï, nous croyons que vous êtes un exemple de toutes les vertus ; pourquoi nous vous prions de toute l'affection de notre cœur de rester avec nous et de disposer de nos richesses, afin que nous puissions profiter de vos instructions évangéliques et de vos salutaires avis. »

Cette prière, que notre saint écouta avec la plus grande humilité, fut également celle de toute la noblesse, mais elle ne put le fixer touchant les desseins qu'avait sur lui la providence divine.

En effet, à peine fut-il entré dans l'appartement qui lui était préparé, qu'il consulta le Ciel ; alors un envoyé divin, éclatant de lumière, lui apparut et dit : « Je vous salue, ô mon frère Liévin, ne soyez pas tourmenté, voici de quoi vous consoler et arrêter vos résolutions : partez d'ici, allez en Angleterre trouver l'Évêque Augustin. » A ces mots l'ange disparut (1).

---

(1) Angelus lucis affulsit proprioque eum nomine salutans, ave, inquit, frater Levine, desine tribulari, et audi quo debeas consolari. Vade hinc ad Anglorum Pontificem Augustinum. (Goscelin, apud Bolland., t. 6.) — Angeli hortatu in

Se rendant à l'instant près du roi, il lui fit part des ordres qu'il venait de recevoir d'en haut ; après l'avoir remercié dans les termes les plus respectueux, il prit congé de toute la cour, puis distribua aux pauvres les trésors qu'il en avait reçus à son arrivée.

C'est ainsi, dirons-nous avec M. de Montalembert, « que la religion a enseigné aux riches qu'il fallait se faire pardonner leurs richesses, par la charité. Elle leur a dit : Dépouillez-vous, songez à vos frères, et il l'ont fait : ils ont pendant mille ans couvert l'Europe d'œuvres de charité (1). »

La sainte Bible, ce livre dont aucune histoire profane n'approche pour les caractères d'authenticité (2), nous apprend que le jeune Tobie devant aller par des chemins inconnus au pays des Mèdes, l'ange Raphaël, debout, ceint de ses vêtements, l'attendait à la porte de la maison de son père, vieillard aveugle, modèle de patience et de résignation que Dieu offrit alors en spectacle au monde, qu'aujourd'hui encore nous

---

Angliam ad sanctum Augustinum sese contulit. (*Brev. Gand.*)

Nous lisons dans le **Bréviaire d'Arras** qu'un ange vint ainsi trouver saint Félix, pour le tirer d'une prison où il avait été jeté : « Conjicitur in carcerem, sed ab angelo eductus. » (24 janvier.)

(1) Montalembert, discours à l'assemblée nationale, 18 sept. 1848.

(2) Newton au docteur Smith.

admirons comme le type le plus accompli de toutes les vertus (1).

Eh bien, le Ciel renouvela ce prodige à l'égard de Liévin, sur le point de traverser la mer qui sépare l'Écosse (2) de l'Angleterre. Arrivé sur la plage que baignent ses flots, se présente un jeune homme au port noble et majestueux, éclatant de beauté. C'était l'ange du Très-Haut ; il lui adressa ces paroles pleines de douceur : « O frère, je suis celui que Dieu a commis pour être le conducteur de votre vie, je suis votre protecteur et votre guide dans toutes vos démarches, je connais la cause de votre entreprise ; hâtons-nous d'aller où vous désirez, car Dieu nous accordera un heureux voyage (3). »

A peine eut-t-il parlé que le jeune homme s'avance à pied sec à travers la mer, emmène avec lui saint Liévin, suivi de ses fidèles compagnons, Follian, Hélie et Kilian, qui passèrent ainsi les flots selon l'expression du Psalmiste : *In flumine pertransibunt pede* (4).

(1) Tobie, c. 5, v. 5.
(2) Voir ce que nous avons dit plus haut, touchant le pays auquel se donnait alors le nom d'Écosse.
(3) Sed occurrit angelus Domini in itinere, juvenili decore, splendida facie, gratiosus incessu, etc. (Goscelin, apud Bolland., t. 7, p. 393.)
(4) Belin. — Mabillon. — Goscelin, apud Bolland., t. 6, — Malbrancq, t. 1, c. 3, p. 283.

Sur les eaux, il leur semblait parcourir une prairie émaillée de fleurs, de roses, de lis odorants. Arrivé à terre, leur guide, enveloppé d'une lumière éclatante, s'élança au séjour des bienheureux (1).

Ce prodige se renouvela à l'égard de saint Brice, Évêque d'Angleterre ; de saint Raimond, Évêque de Rochefort, et de saint François de Paule, fondateur des RR. PP. Minimes.

Accompagné de ses disciples, saint Liévin se hâta donc d'aller trouver saint Augustin, que le Pape Grégoire le Grand avait envoyé en Angleterre, ainsi que d'autres missionnaires évangéliques, venus de France et d'Italie, pour travailler à la conversion des infidèles.

Déjà son arrivée avait été mystérieusement révélée à l'apôtre de la Grande-Bretagne, qui le reçut très-affectueusement, l'an 598 de notre ère. Cet illustre Prélat le retint près de lui l'espace de cinq ans et trois mois (2). Durant ce laps de temps, Liévin fit encore d'immenses progrès dans les sciences, comme dans la vertu, et bien que son humilité effrayée, di-

---

(1) Fluctus ac si solidam aream calcabant, quod per prata vel campestria vireta rosis ac liliis omnique herbarum ac florum pulcherrima varietate. (Apud Bolland., t. 6.) Mare, angelo custode, sicco vestigio pertransivit. (*Brev. Gand.*, p. 147.)

(2) Bolland, t. 6. — Bucelinus. — Mabillon.

rons-nous avec le pieux agiographe de Cambrai, lui eût fait opposer une vive résistance à ceux qui le pressaient de recevoir le sacerdoce, il fut néanmoins élevé à la dignité de prêtre par saint Augustin, et employé par ce Pontife dans ses travaux apostoliques de sa mission, dont il partagea les périls et la gloire (1).

Comme gage d'une éternelle amitié, le jour de son ordination Liévin avait reçu de l'Évêque d'Angleterre une magnifique chasuble, avec une étole de pourpre et d'or ; un livre d'office monté aussi en or et orné des pierreries les plus précieuses (2).

Cependant l'heure était sonnée pour le jeune prêtre de retourner dans sa patrie, afin de travailler au salut des âmes ; il se sépare de saint Augustin (3), qu'il ne doit plus revoir, et se rend en Écosse, où il était vivement attendu. Aussi, la cour, les grands du royaume et le peuple le revirent avec une joie indicible, au milieu des marques du plus profond respect, comme de la plus vive reconnaissance.

(1) *Bibliothèque sacrée.* — Girard, t. 15. — L'abbé Normand, *Galerie des saints*; Bruxelles, 1841.
(2) Bolland, t. 6, p. 593. — Mabillon, t. 1, c. 3, p. 284.
(3) Saint Augustin mourut quelque temps après, 26 mai 604. On sait que les cendres de ce saint Évêque furent jetées au vent par la populace, sous Henri VIII, l'an 1540.

CHAPITRE VII.

SAINT LIÉVIN DEVENU ARCHEVÊQUE D'ÉCOSSE.

> *Dedit illi scientiam sanctorum, honestavit illum in laboribus, et complevit labores illius.*
> (SAPIENT., c. 10, v. 10.)
>
> Dieu lui donna la science des saints; il le rendit glorieux dans ses travaux et le couronna d'un heureux succès

Brûlant de ce zèle héroïque qui dévorait les apôtres à leur sortie du cénacle, notre jeune missionnaire mit tout en œuvre pour gagner ses frères à Jésus-Christ. C'est à cette époque de sa vie qu'advint la mort de son oncle paternel, Ménalque, Archevêque d'Écosse, enlevé l'an 607 aux regrets comme à l'amour de toute la nation.

Le roi, la noblesse assemblée lui donnèrent pour successeur Liévin (1), devenu depuis le plus grand ornement de l'Église d'Écosse.

Pendant sa consécration, au milieu d'un nombreux

---

(1) *Bréviaire du diocèse d'Arras.*

clergé, d'un grand concours de peuple et d'Évêques assemblés pour cette majestueuse cérémonie, on entendit ces paroles venant du ciel : « *Ecce Sacerdos magnus, qui in diebus suis placuit Deo et inventus est justus;* voici ce Pontife illustre, qui fut agréable à Dieu, et trouvé juste (1). » On vit descendre en même temps, sur la tête de l'élu, une couronne d'or et de pierreries entrelacées de fleurs précieuses (2), répandant le parfum le plus suave sur toute l'assemblée. Le Ciel voulait sans doute, par ce prodige, faire connaître le martyre futur du nouvel Archevêque, ainsi que la couronne éternelle qu'il recevrait un jour, en récompense de ses nombreux travaux.

Après son sacre, à l'exemple de l'apôtre des nations il se fit tout à tous; humble avec les pauvres, doux avec ses inférieurs, affable aux puissants, infatigable dans l'exercice de son saint ministère, il remplissait avec un soin extrême tous les devoirs d'un

---

(1) Cujus consecrationi cœlum applausit, piumque Pontificem cœlesti lumine illustravit, et vox hujusmodi insonuit : Hic est sacerdos magnus, etc. (*Bréviaire de Gand.*) — Malbrancq, t. 1, c. 5, p. 284.

(2) Malbrancq, t. 1, c. 5. — Mabillon, sæcul. 2, p. 455 : Super caput venerandi Pontificis Levini corona rutilo auro atque coruscantibus gemmis composita ac vernantibus intextas. — Dom Guéranger, dans sa *Vie de sainte Cécile*, a aussi rapporté qu'un ange déposa sur la tête de cette sainte une couronne de lis et de roses.

véritable pasteur. Par ses prières et ses jeûnes excessifs, il parvint à convertir son peuple et à lui rendre la pureté de la foi (1).

Depuis, comme avant son élévation à l'épiscopat, il continua de se nourrir de racines et de fruits sauvages; toutefois, afin de supporter plus facilement le fardeau de ses travaux apostoliques, il fut forcé de reprendre la nourriture du pain, qu'il mêlait avec de la cendre pour en altérer le goût : l'eau seule était sa boisson. Sous ses ornements sacerdotaux chargés d'or et de diamants, il portait constamment le cilice; son humilité souffrait, sans doute, de se voir si magnifiquement revêtu; mais il savait bien qu'il devait en agir ainsi, pour relever davantage aux yeux des peuples la majesté du Dieu dont il était le ministre, comme aussi pour avoir un accès plus facile auprès des grands de la terre.

Miroir de justice et modèle de pureté, il s'étudiait de plus en plus à devenir le maître ainsi que l'exemple de toutes les vertus, d'après le religieux Boniface. Sans se décharger sur ses inférieurs du soin de son troupeau, outre la parole de Dieu, il leur administrait lui-même la divine Eucharistie. Souvent il exerçait l'hospitalité envers les étrangers, comme à l'égard des religieux, qu'il recevait avec beaucoup de bonté et

(1) *Bibliothèque sacrée*, t. 15.

auxquels il lavait les pieds (1). C'est ainsi que ce saint Pontife avec la religion fit renaître la prospérité et la civilisation dans toute l'Écosse ; c'est pourquoi nous rendrons ici, avec Gibbon, pleine et entière justice aux Évêques qui ont formé la société en Europe et plus particulièrement en France ; car, selon lui, les Évêques ont fait la France comme les abeilles font leur ruche.

Le zèle de saint Liévin n'était jamais plus grand que lorsqu'il visitait ou consolait les malades, objets de sa constante sollicitude. Cette portion si précieuse de son troupeau ne voyait jamais leur vénérable pasteur qu'après en avoir reçu quelques soulagements, ou les consolations les plus touchantes. Aussi dans ses visites on les voyait venir en foule sur ses pas, ou on lui amenait les malades et les infirmes : l'efficacité de ses prières leur obtenait la santé, ainsi que l'attouchement de ses vêtements ou même l'ombre de son corps (2). En effet, un nommé Abdias était privé de l'usage de ses membres depuis plus de neuf ans, lorsque le saint Archevêque, ému de compassion, se présente chez ce misérable pour donner quelque adoucissement à ses maux. A son entrée dans la maison

---

(1) Boniface, n. 9. — Baillet, t. 7, p. 630.

(2) Pluribus sola corporis umbra, aliis tactus vestimentorum salutem attulit. (*Brev. Gand.*) — Malbrancq, t. 1 c 5, p 284 — Mabillon

du paralytique, cette vertu qui guérit les infirmités et attendrit les cœurs était déjà émanée de notre saint, comme autrefois de son divin maître : Abdias était guéri ! C'est avec enthousiasme qu'il s'écrie alors : Quel est celui qui est entré ici ? est-ce Dieu, ou l'un de ses anges ? Je me trouve parfaitement rétabli (1).

Le vertueux Prélat fut on ne peut plus surpris de cette merveille : Frère, lui dit-il, pourquoi ces paroles, cet étonnement ? Que la paix soit avec vous : levez-vous et venez me donner un peu d'eau à boire, je suis extrêmement fatigué. A l'instant le malade se lève pour servir le saint Évêque, qui remercie le Seigneur d'avoir, à son occasion, opéré cette merveille à l'égard du pauvre lépreux, délivré de ses infirmités.

On sait que l'ombre de saint Pierre guérissait ainsi les malades : *Ut veniente Petro, saltem umbra illius obumbraret quemquam illorum, et liberarentur ab infirmitatibus suis.* (*Act. Apost.*, c. 5)

---

(1) Domum Abdiæ, toto corpore paralytici et leprosi, ingressus, ei sanitatem impetravit. (*Brev. Gand.*) — Malbrancq, t. 1.

CHAPITRE VIII.

SAINT LIÉVIN COMMANDE A LA MER; DIFFÉRENTS PORTRAITS DE CE SAINT.

> *Quis est hic quia mare et venti obediunt ei?*
> (MATTH., c. 4, v. 41.)
> Quel est donc celui-ci à qui les vents et la mer obéissent?
>
> *Quam speciosi pedes evangelizantium, pacem evangelizantium bona!*
> (R., c. 10, v. 15.)
> Qu'ils sont beaux les pieds de ceux qui annoncent l'Évangile de paix, qui évangélisent les vrais biens!

C'était peu pour notre héros catholique d'évangéliser ainsi les villes et les campagnes, son zèle ardent devait le conduire jusqu'aux plages arides de la mer, afin de porter également aux marins quelques paroles de salut et de bénédiction. Mais quelle ne fut pas sa douleur et son inquiétude, lorsque, arrivé sur ces lieux, une tempête affreuse fit bouillonner les vagues, sur le point d'engloutir un vaisseau faisant des efforts inouïs pour gagner le port! Battu par la violence des flots, il devait disparaître à toujours dans les abîmes, sans l'intervention puissante du saint Archevêque d'Écosse. Plein de confiance en celui qui commande aux vents et à la mer, il s'avance à pied sec sur l'Océan, comme sur la terre ferme, salue l'équipage, effrayé de cette apparition, puis bénissant d'un signe de croix les marins, il leur adresse ces paroles bien propres à ranimer leur courage :

« Mes frères, confiez-vous en Dieu, jamais il n'abandonne ceux qui mettent leur espérance en lui. » A peine avait-il achevé, que la mer s'apaise et rentre dans le calme le plus parfait, comme le rapporte un manuscrit de Clairmarais : *Spondet placatum, pacatumque sperantibus reddendum Oceanum, uti factum est.*

Malbrancq, au chapitre troisième du tome premier de ses œuvres, a consigné également ce miracle, rapporté du reste comme il suit dans le Bréviaire de l'Église de Gand (page 148) : Sur le point de périr dans la mer, ce saint Évêque, marchant sur les flots, sauve l'équipage d'un naufrage imminent : *Periclitantes in mari, ipse mare super gradiens ab imminente naufragio liberavit.*

L'impétuosité des vagues avait enlevé du pont un seul marin qu'on apercevait encore, luttant courageusement au milieu de la mer furieuse. Par un second prodige, saint Liévin vole à la surface des eaux, et, le prenant par la main, attire à lui ce malheureux naufragé, qu'il rend à son équipage; son libérateur le conduisit à terre, où déjà le navire échappé au danger ainsi que les autres matelots lui rendirent des actions de grâce de ce qu'il les avait délivrés d'un péril aussi certain.

A compter de cette époque les marins, comme aujourd'hui encore, invoquent saint Liévin; ils le regardent, auprès de Dieu, comme leur sauveur et leur patron le plus puissant, au milieu d'une navigation périlleuse.

L'Écriture sainte a inscrit dans ses annales que le prophète Jonas, par un noble dévouement, et saint Paul, par le secours de ses ferventes prières, avaient sauvé de la sorte des navires sur le point d'être submergés; et saint Nicolas n'est invoqué par ceux qui tentent les hasards de la mer, que parce qu'il opéra, en leur faveur, de semblables prodiges.

C'est ainsi que le Ciel se plaisait à rehausser de plus en plus les vertus et les qualités de son serviteur Liévin.

Et maintenant, qui jamais pourrait rappeler les paroles affectueuses et l'éloquence persuasive de notre saint Archevêque, à l'aide desquelles il retira tant d'infidèles de la voie de l'iniquité (1)?

---

(1) Quis enim digne sufficienter valeat ejus doctrinæ et verborum gratias enarrare quibus multos ab iniquitate convertit? (Surius, p. 281.)

Selon Surius, à qui nous empruntons ce passage, la vérité fut toujours sur ses lèvres ; un caractère doux, des manières affables, une conversation agréable lui gagnaient tous les cœurs. S'étudiant sans cesse à mortifier ses sens, son âme était tellement absorbée en Dieu, que rien, autour de lui, n'était capable de le distraire. Aussi était-il favorisé de toutes sortes de grâces dans l'exercice de ses fonctions sacrées. Le Seigneur se plaisait à l'encourager lui-même, comme l'atteste encore Surius : Courage, mon cher, lui disait-il ; courage, bon et fidèle serviteur(1). Aussi, sous ses pas naissaient partout la paix et la concorde, fruits de ses touchantes prédications.

Cet illustre prélat, outre les qualités de l'esprit et du cœur, se distinguait encore par la beauté de ses traits et l'élégance de sa taille, quoique moyenne. Ses membres, exténués par le jeûne et les veilles, étaient bien proportionnés. Il portait la tête haute, dégarnie de cheveux sur un front large. Ses cheveux étaient blonds, quelque peu gris ou mêlés de blanc, ainsi que sa barbe, suite des fatigues de son ministère. Ses yeux pénétrants décelaient la vivacité de son caractère, et brillaient d'une sainte joie, véritable expression d'une âme pieuse. Il avait une belle main,

---

(1) Deus afflatus illum alloquio amabili: Euge, care mi, euge serve bone et fidelis. (Surius, id.)

la peau très-blanche, le visage agréablement coloré et paré de tous les charmes de l'innocence, mais amaigri à cause de ses jeûnes excessifs. Sévère pour lui, on le voyait très-indulgent pour les autres; chaste autant que pieux, il ne cessait de prier, de veiller et de nourrir son âme de lectures spirituelles. Il fuyait le monde avec ses plaisirs, ainsi que toutes les vanités du siècle.

Tel est le portrait que nous en ont laissé les agiographes Boniface, Surius, page 277, et Ghesquières, tome 3, page 105, et dont nous renvoyons le texte aux notes justificatives n° 2.

Selon Radbode, Évêque d'Utrecht et panégyriste de saint Liévin, il faudrait l'éloquence de Cicéron ou de Plaute, pour énumérer comme il faut toutes les qualités du grand Archevêque d'Écosse (1).

Nous avons de cet auteur une pièce intitulée : *Eloga ecclesiastica*, et une ode de quatre-vingt-deux vers latins, qu'il composa en l'honneur du saint martyr; nous donnons ici un extrait de la traduction de ces vers (2) :

(1) Voir le texte aux notes justificatives n° 3.
(2) Voir le texte aux notes justificatives n° 4.

« *Eloge ecclésiastique de saint Radbode, ministre de l'église d'Utrecht, sur les vertus du prêtre saint Liévin, et sur le nom de ce serviteur de Dieu, dont l'avenir, d'après sans doute un heureux présage, a confirmé la sainteté.*

« De sa mère Albion délaissant les rivages,
Défiant les écueils, les vents et les orages,
Le glorieux Liévin, Jésus-Christ pour rameur,
Au souffle des vertus abandonnant son cœur,
A mis un frein puissant à l'ardeur furibonde
Dont le superbe Rhin fait bouillonner son onde. »

. . . .

Radbode termine cette pièce par une invocation à saint Liévin :

« Nous, du fameux Liévin serviteurs assidus,
Célébrons dans nos vers l'éclat de ses vertus ;
Notre cœur pourrait-il oublier la tendresse
Dont cet ami de Dieu nous entoure sans cesse ?
Oh ! que ton nom chéri, Pontife généreux,
Soit encore adoré par nos derniers neveux,
Que l'Anglais ignoré du reste de la terre,
Bénisse, ainsi que nous, ta bonté salutaire. »

. . . .

« Prêtre auguste et sacré, ta vertu trait pour trait
De Jésus-Christ en toi nous offre le portrait. »

C'est ainsi, dirons-nous avec dom Pitra, qu'aux

sixième et septième siècles plus d'un biographe des martyrs et des plus austères pénitents aimait les réminiscences de Pline et d'Eumène (1).

(1) Dom Pitra, *Vie de saint Léger.* c. 1. *Vita sancti Livini* Benedict.

CHAPITRE IX.

SÉJOUR DE SAINT LIÉVIN DANS LA MORINIE ; SON DÉPART POUR GAND.

> *Annuntiabunt gloriam meam gentibus et adducent fratres vestros de cunctis gentibus.*
> (Isaï, c. 66, v. 14 et 20.)
> Et ils annonceront ma gloire aux nations, et ils amèneront tous vos frères du milieu des peuples.

Persuadé que Dieu le secondait dans toutes ses entreprises pour la sanctification des peuples, comme pour sa plus grande gloire, notre intrépide missionnaire comprit facilement qu'il ne devait plus restreindre ses travaux apostoliques au seul pays qu'il habitait. Son âme, en effet, brûlait du désir de sauver bien d'autres nations plongées dans les ténèbres de l'idolâtrie, n'ayant pas encore été éclairées du flambeau de la foi. Aussi crut-il que ce flambeau, selon Ghesquières (1), allumé dans son cœur par

---

(1) *Acta sanctorum*, t. 3, p. 104.

l'Esprit-Saint, ne devait être si haut placé sur le chandelier, que pour être la lumière de toute l'Église et devenir le salut d'un très-grand nombre. Il régla donc les affaires de son diocèse, dont il confia l'administration à son archidiacre Sylvain, et, par l'inspiration de Dieu, partit avec ses fidèles disciples Follian, Hélie et Kilian, pour travailler à la conversion des Morins et de la Flandre occidentale aux extrémités du Brabant (1). Comme les apôtres, il n'a plus de demeure fixe : il fait entendre pour ainsi dire la voix de ses prédications par toute la terre (2).

D'après Malbrancq, il vint d'abord débarquer à Wissant (3). C'est de ce port que, après avoir séjourné quelques instants au hameau du Pont-de-Briques (4), il se dirigea sur Renty, se fixant ensuite à Merck-Saint-Liévin, où il jeta les semences de la parole divine, chassa les démons et guérit un grand nombre de maladies (5).

De ce point, notre saint missionnaire parcourut

---

(1) Gazet, *Hist. Eccl.*, p. 378. Dom Ducrocq. — *Brev. Gand.* — Cardinal Baronius, *Annal. eccl.*, t. 8.

(2) In omnem terram exivit sonus eorum. (Ps. 18, v. 5.)

(3) H. Piers, correspondant du ministère de l'instruction publique pour les travaux historiques. — Malbrancq, t. 1, p. 534 et 538.

(4) H. Piers, *Variétés historiques*.

(5) Idem.

toutes les contrées voisines, Thérouanne surtout (1), cette antique capitale de la Morinie, où il se rendit pour visiter saint Omer, alors Évêque du vieux pays des Morins.

Ce digne Prélat reçut avec la plus grande joie son illustre collègue de l'Écosse, qu'il désirait vivement conserver longtemps près de lui (2).

Mais saint Liévin ne put céder à ses instances réitérées; il savait trop bien par révélation, comme on l'a vu plus haut, que Dieu l'appelait à évangéliser la Flandre, la Belgique, la Zélande, ce qui explique à merveille le culte qu'on lui rend encore dans ces diverses contrées, et principalement dans la ville de Zierizéana (3).

Aussi, après un assez long séjour dans la Morinie, notre saint apôtre se hâta-t-il d'accomplir sa mission ; partout sur sa route il annonce l'Évangile, guérit de nouveau les malades et chasse les démons, jusqu'à ce qu'enfin il arrive au port de Gand, le terme de ses courses apostoliques (4).

C'est dans un couvent de cette ville, érigé par saint Amand en l'honneur de saint Pierre, sur les

---

(1) *Vies des saints de la Belgique.*

(2) Malbrancq, t. 1, p. 388.

(3) *Chronique de la Zélande,* Smallegangus, p. 494.

(4) Butler, 12 nov. — Livinus, Episc. mart. in portu Gand. 12 nov., de prosecuit. *Operis Bollandi.*

ruines d'un temple païen, que se rendit le Pontife écossais. Il y fut reçu avec un profond sentiment d'estime et de vénération par l'abbé Florbert, homme d'une éminente sainteté, le 13 juillet de l'année 655 (1), ou selon Henri Pertz, l'an 633 (2).

Nous tiendrons à la première date, opinion la plus probable, partagée du reste par le plus grand nombre des auteurs qui ont parlé de saint Liévin.

C'est dans ce lieu de retraite que notre saint Archevêque se prépara à l'accomplissement de sa mission périlleuse, en offrant le saint sacrifice de la messe pendant trente jours consécutifs sur le tombeau de saint Bavon, déjà célèbre par de nombreux miracles

Dans ce monastère, au milieu de ses religieux, parmi lesquels il ne rencontrait que des amis et des frères (3), saint Liévin justifia la haute opinion qu'on avait de lui, non-seulement comme saint, mais encore

---

(1) Ghesquières. — Fleury, *Hist. Eccl.*, t. 8. — Henrion, *Hist. générale de l'Église*, p. 206.

(2) Anno vero 633, beatus Livinus genere Scotus et Hybernie Archiepiscopus cenobium Gande, cum tribus discipulis sibi et Deo dilectis decimo septimo calendas augusti peregre visitavit. Ibique ab abbate Florberto et devotis fratribus caritative ac benigne hospitio susceptus est. (*Monumenta Germaniæ historica* edidit Georgius Henricus Pertz, t. 2, p. 186.)

(3) L'abbé Destombes.

comme poëte excellent. Déjà pour nourrir les pauvres, ainsi que nous l'avons dit, il avait fait plusieurs pièces de poésie ; ici, afin de se rendre aux vœux de l'abbé Florbert (1), et pour célébrer en même temps la mémoire de saint Bavon, qu'il honorait beaucoup, il lui promit de composer à sa gloire une élégie, publiée par Assérius et Mabillon (2), élégie pleine de grâce et de mélancolie (3), et qui prouve une fois de plus que la science, si maltraitée par les barbares dans les siècles d'invasion, trouva un refuge dans les monastères d'Irlande, d'Écosse et de Bretagne.

On conserve en outre aujourd'hui, dans la cathédrale de Saint-Bavon de Gand, un volume in-folio, dans lequel saint Liévin aurait écrit quelques parties du Nouveau-Testament.

(1) Le père Longueval, *Hist. de l'Église gallicane*, liv. 9.
(2) Mabillon, sæcul. 2 Bened., p. 461. — Usserius, anno 1632, Hyber. epist. Syllage, p. 19. — Godescard, édit. de 1834.
(3) L'abbé Normand, *Galerie des saints de la Belgique*; Bruxelles 1841.

CHAPITRE X.

SAINT LIÉVIN POURSUIT SES MISSIONS.

> *Quid est hoc verbum, quia in potestate et virtute imperat immundis spiritibus?* (LUC, c. 4, v. 36.)
>
> Qu'est-ce que ceci ? Il commande avec autorité et avec puissance aux esprits impurs, et ils sortent aussitôt.

Si Liévin naquit poëte, il était né surtout saint et missionnaire ; aussi, après la solennelle consécration de sa personne au Sauveur du monde, comme nous venons de le dire, il se mit en mesure d'exécuter les ordres du Ciel. Il réunit avant son départ les religieux de l'abbaye, qu'il remercia de leur noble et généreuse hospitalité, ainsi que des provisions abondantes qu'ils lui fournirent pour ses courses lointaines.

Il se dirigea d'abord vers le Brabant, pays riche et fertile, où il trouva un vaste champ à défricher pour la vigne du Seigneur(1), et dont les habitants, à la haute

---

(1) L'abbé Normand, *Galerie des saints de la Belgique*, p 180; Bruxelles, 1841.

stature, beaux et en apparence d'une aménité excessive, fixèrent l'attention du Prélat. Il revint bientôt de cette première impression, car il remarqua avec douleur que ces hommes manquaient d'intelligence et d'esprit, et ressemblaient bien plus *aux chevaux et aux mulets*, selon l'expression du prophète David.

En effet, ces peuples n'avaient nul respect pour la loi divine, commettaient l'adultère, le viol et le meurtre ; ils se poursuivaient mutuellement avec férocité, usant les uns envers les autres de toute espèce de tromperies. Pour mettre fin à tant de désordre, notre saint eut recours aux larmes et à la prière, ces armes si puissantes du prêtre (1) ; il redouble ses jeûnes et ses veilles, il édifie par ses exemples, il anime par son zèle, il convertit par ses prédications et ses miracles.

L'historien Boniface rapporte qu'il visitait chaque jour les bourgs et les villages, les hameaux et les châteaux, distribuant la parole de vie à leurs habitants ; et qu'il obtint ainsi la grâce de conversion pour la plupart de ceux qui eurent le bonheur de l'entendre (2).

Arrivé dans un endroit primitivement appelé *Hal-*

---

(1) Oratio et lacrymæ sunt arma clericorum. (Extr. Conc.)
(2) Per Flandriæ Brabantiæque loca profectus, innumeros ad Christi fidem verbo exemplo et miraculis convertit, nous dit encore le *Bréviaire de Gand.*

tem, aujourd'hui *Haultem*, ou *Sinte-Lievens-Haultem*, à une lieue environ de Gand (1), l'Archevêque d'Écosse rencontra un homme possédé du démon. « O Liévin, s'écria-t-il, grand serviteur de Dieu, que sommes-nous auprès de vous? Vous avez envahi mon royaume et vous m'avez désarmé. Pourquoi me poursuivre encore? Si vous me faites partir d'où je suis, je causerai beaucoup de mal dans ce même lieu. » Sans tenir compte de ces menaces, aidé du secours du Ciel, le digne prélat fit sur lui le signe de la croix, lui adressant ces paroles si énergiques : « Persécuteur de tout bien, tais-toi, abandonne cette créature de Dieu, et désormais tu ne lui feras plus de mal, ni à aucun autre. »

On vit à l'instant sortir le malin esprit de ce malheureux, qui laissa échapper par la bouche un sang noir, mêlé d'une fumée épaisse. Il demeura comme mort, étendu à terre, près d'une heure, puis se releva pour aller publier partout ce fait miraculeux (2).

Sur ces entrefaites, deux sœurs de la première noblesse, nommées Berne et Craphaïlde, entendirent parler de ces merveilles. Cette dernière avait un fils du nom d'Ingelbert et aveugle depuis près de quatorze ans, par suite de maladies. Elles s'adressèrent

---

(1) L'abbé Normand, *Galerie des saints de la Belgique*, p. 180 ; Bruxelles, 1841.

(2) Histoire flamande de saint Liévin, L. D. C.; Gand, 1622.

au serviteur de Dieu, avec prière de vouloir bien rendre la vue à cet enfant infortuné.

Le Bréviaire de l'église de Gand nous donne pour certain que le fils de Craphaïlde, son hôtesse, recouvrit l'usage des yeux à la suite d'un signe de croix que lui fit saint Liévin sur cette partie de la tête (1).

En reconnaissance d'un si grand bienfait, ces dames, aussi pieuses que charitables, offrirent au saint Pontife de le loger dans leur habitation, comme de lui fournir le nécessaire pour lui et ses trois disciples.

Durant ce temps, l'abbé Florbert ne laissait pas de leur envoyer des vivres et des rafraîchissements.

C'est dans l'un de ces envois que ce religieux lui rappelle son engagement touchant l'épitaphe que saint Liévin devait composer pour le tombeau de saint Bavon. Notre pieux missionnaire crut par humilité devoir résister à cette invitation, lui alléguant ses travaux, puis les frayeurs continuelles que lui donnait le danger où il était, à toute heure, de se voir égorger par les cruels idolâtres à qui il avait affaire, et qui ne contribuaient pas peu à lui tarir la veine, selon l'expression de Baillet (2).

---

(1) Ingelberto Craphaïldis hospitis suæ filio a multis annis lumine privato, corporalem visum impetravit. (*Brev. Gand.*) — Malbrancq, liv. 3, p. 377. — *Brev. Atrebat. prop.*, edit D. R. Parisis, Episcopi, 1854 : Filio Ingelberto multis annis lumine privato, visum restituit. (16 nov., p. 41.)

(2) Baillet, t. 7, p. 630.

Néanmoins Florbert insista de nouveau, et obtint une inscription pour le cénotaphe du glorieux patron de son abbaye. Pour remercier en outre ce généreux abbé de l'hospitalité bienveillante qu'il avait reçue dans cette communauté de saints, le poëte reconnaissant lui adressa, avec les vœux et les remerciements de son cœur, les prophétiques espérances de son immolation prochaine (1). La poésie, dit-il en commençant, demande un esprit gai, et je n'ai plus cette gaîté si nécessaire à un poëte : « Saint Bavon d'ailleurs est un soleil trop brillant pour oser parler de sa lumière. »

Il se plaint ensuite de la qualité de Monseigneur que Florbert lui donne dans sa lettre, ajoutant qu'il lui eût été plus agréable de s'entendre appeler tout simplement frère. Il lui rappelle sa charité extrême, ainsi que le lait, le beurre, le fromage et les œufs dont il chargeait un âne, pour lui et ses compagnons de voyage ; il lui retrace la bienfaisance de Berne, son hôtesse, pour lui et ceux de sa suite : « Elle nous fait bouillir, dit-il, des herbes sèches dans son pot, mais le Ciel la récompensera de mets plus délicieux. »

Il termine en priant l'abbé Florbert de faire graver l'épitaphe de saint Bavon sur quelque pierre, afin que si l'abbaye venait un jour à être brûlée, comme en effet elle l'a été depuis, cette pierre en conservât la mémoire.

(1) L'abbé Destombes, *Vie de saint Amand*, p. 85, 139.

L'épître de saint Liévin se compose de quarante et un distiques en forme de colloque, dont cinq consacrés à l'épitaphe de saint Bavon. Ces vers latins, d'après la remarque de Pacot (1) et du père Longueval (2), ont du mérite : ils ont été trouvés en Irlande, dans une lettre de Jacques Ussérius, qui, selon dom Ducrocq, a fait un vrai plaisir à la postérité, de les conserver dans ses archives.

(1) Pacot, t. 3, p. 231.
(2) Le P. Longueval, *Hist. de l'Église gallicane*, t. 9.

CHAPITRE XI.

ÉPITRE DE SAINT LIÉVIN A FLORBERT.

> *Dominus dedit mihi linguam eruditam.* (Isaï, c. 50, v. 4.)
> Le Seigneur m'a donné une langue éloquente.

Jusqu'à présent nous n'avons montré le bienheureux Liévin que comme un des grands saints de l'Église, ayant converti d'abord, avec saint Augustin, l'Angleterre, l'Irlande, l'Écosse, sa patrie; puis la Morinie, la Flandre et le Brabant ; mais qu'il ait été un excellent poëte, à peine quelques-uns le savent-ils. Tout lecteur d'un esprit libre et sans préjugé pourra s'en convaincre, s'il veut se donner la peine de lire ici la lettre entière que notre saint Prélat écrivit à l'abbé Florbert, cette touchante épître dont nous venons de rendre compte dans le chapitre précédent.

Renvoyant donc aux notes justificatives pour le texte latin (1), nous allons donner en vers français ce

(1) Voir à la fin des vers latins aux notes justificatives, n° 5.

chant prophétique, ces derniers accents d'une muse chrétienne au moment où le saint apôtre part pour le martyre :

> Hélas! je ne suis plus ce que j'étais naguère :
> En voyant contre moi se déclarer la guerre,
> J'ai suspendu mes chants, ces doux chants que ma voix
> Dans ses transports de fête entonnait autrefois.
> En ces climats nouveaux où j'ai fixé ma tente,
> J'ai vu l'astre du jour (ô merveille étonnante !),
> Dans les cieux éperdus retirant sa clarté,
> Priver de ses rayons mon œil épouvanté :
> Ainsi pour moi le jour est un jour sans lumière,
> Et mon repos sans paix ne m'offre que misère.
> Ces peuples du Brabant, chez qui j'étais venu
> Prêcher, d'un front serein, l'Évangile inconnu,
> N'ont payé ces bienfaits de ma sollicitude
> Que par une barbare et lâche ingratitude,
> Et changé, triste effet de leurs cruels desseins,
> En orageuses nuits mes jours purs et sereins.
> Que t'ai-je fait, dis-moi, peuple ingrat et rebelle?
> Aux sentiers de la paix lorsque ma voix t'appelle,
> Tu ne réponds aux cris de ton tendre pasteur
> Que par des flots d'injure et des chants de fureur.
> Mais si tu crois par là, par ta rage frivole
> Epouvanter mon cœur, étouffer ma parole,
> Tu te trompes : je sais qu'un triomphe certain
> Sera pour moi le prix d'un martyre inhumain ;
> Que les anges, là-haut, avec des chants de fête,
> Des palmes de la gloire ombrageront ma tête.
> Je connais mon Sauveur, je sais que dans les cieux
> Le bonheur le plus pur couronnera mes vœux.

Notre Dieu l'a promis : pour cet auguste maître
C'est déjà, je le sais, donner que de promettre.
Cependant, au milieu de ce juste chagrin,
Un rayon d'espérance a glissé dans mon sein,
Mon cœur est consolé : Gand, la cité fidèle,
De ses cris répétés m'appelle au milieu d'elle,
Me donne par avance, artifice sacré,
D'un bonheur sans égal le présage assuré !
Florbert est là, Florbert qu'une vertu modeste
Orne, comme une fleur, de son éclat céleste ;
Il est là, ce pasteur dont le parfum divin
De l'Église du Christ embaume le jardin.
Son troupeau, qui l'adore, à sa voix paternelle
Règle tout différend, suspend toute querelle,
Et, docile à ses lois, son unique bonheur
Est de s'abandonner aux soins du bon pasteur.
Ce médecin d'autrui, sans s'oublier lui-même,
Apporte à tous les cœurs le remède suprême,
L'ardente charité dont le sublime éclat
Rehausse sur son front la mitre de Prélat.
Mais pourquoi peindre ici sa profonde sagesse ?
Voici qu'en ma faveur sa pieuse tendresse
Vient d'ajouter encore à la difficulté ;
Car comment retracer sa libéralité,
Ce visage serein, cette ardeur, ce saint zèle
A me prouver en tout son amitié fidèle ?
Ce nom sacré d'ami, pour ce cœur sans orgueil,
M'aurait assez valu ce bienveillant accueil,
Sans le charger des noms de pontife et de maître.
Exilé que je suis, mon espoir ne peut être
Qu'en Dieu, dont la bonté centuple dans les cieux
Les bienfaits ici-bas versés aux malheureux ;

Aussi, malgré les soins dont sa rare tendresse
Comblera sous son toit ma pénible détresse,
Les biens du saint Prélat, pur et sacré trésor,
Loin de diminuer s'augmenteront encor.
O bonté de Florbert! déjà dans mon absence
Je goûtais les bienfaits de ta munificence,
Mais alors que je viens respirer près de toi
Tes nombreuses bontés vont redoubler pour moi.
Que dis-je? à l'instant même où ma plume rappelle
De tes tendres faveurs la mémoire immortelle,
Un laboureur, guidant son rustique animal,
M'apporte à pas pressés mon aliment frugal.
Le fromage et les œufs sous leur fardeau fragile
Font plier les paniers du pourvoyeur docile.
Femme, pourquoi tarder? aujourd'hui que le Ciel
De ces nouveaux présents a rempli notre hôtel,
Hâte-toi, fais bouillir, active ménagère,
Ces légumes séchés qui vont dans la chaudière
Retrouver la saveur qu'ils avaient au printemps
Et qu'un beurre onctueux conservera longtemps.
Oh! que ne m'offrez-vous un sol aussi fertile,
Champs ingrats de Haulthem, dont la terre stérile
Ne produit que la ronce et l'épineux chardon!
Aussi mon seul objet de consolation,
C'est que Gand vienne ainsi, par tant de bienfaisance,
De ma pauvre hôtesse aider l'insuffisance.
Mais ce pieux Florbert, c'est peu que sa bonté
M'apprenne à célébrer sa libéralité,
Il veut, il veut encor, ou plutôt il me prie
De chanter de Bavon la mémoire chérie,
Et des tendres soupirs de mon luth inspiré
Orner de son tombeau le monument sacré.

Hélas ! le chalumeau dont une main habile
Touche et fait résonner l'organisme mobile,
Ne rend plus qu'un son sourd et criard à la fois,
Quand je viens à froisser son tuyau sous mes doigts;
Le ruisseau qu'alimente une fontaine avare
N'offre à l'homme altéré qu'une eau timide et rare;
C'est ainsi que mon cœur, dont autrefois j'aimais
A célébrer en vers le bonheur et la paix,
Et dont, la lyre en main, l'allégresse infinie
Débordait de mon sein en torrents d'harmonie,
Ce cœur, que de son souffle a flétri la douleur,
Ne rend plus que des sons aigris par le malheur.
Non, non, je ne suis plus ce que j'étais naguère :
En voyant contre moi se déclarer la guerre,
J'ai suspendu mes chants, ces doux chants que ma voix
Dans ses transports de fête entonnait autrefois.
Que ferais-je? Ah! du moins qu'une telle insolence
N'altère point en moi ma longue patience ;
Loin de rendre, ô mon Dieu, dent pour dent, œil pour œil,
Je veux par mes bontés répondre à leur orgueil.
Et toi, mon cher Florbert, dont la voix me demande
De mes chants, pour Bavon, la funéraire offrande,
Puis-je te refuser ce gage précieux
De la sainte amitié qui nous unit tous deux?
Mon front même, mon front rougit déjà d'avance
D'avoir à t'obéir mis tant de négligence,
Car ces biens que sur moi tu versas tour à tour
Provoquent dans mon âme un mutuel amour.
Tu m'as donné ton cœur, je te donne ma lyre,
A défaut de talent ta tendresse m'inspire.
Mais, cher ami, toi-même, ah! plutôt que n'as-tu
Retracé de Bavon la célèbre vertu?

Pourquoi forcer, hélas ! mon pénible génie
A répandre mes chants sur sa cendre bénie ?
Mais n'importe : malgré mon esprit effrayé
J'ai le mérite au moins de l'avoir essayé ;
Et, fort du cher appui de celui qui m'anime,
J'entreprends de Bavon l'épitaphe sublime :

L'honneur de son pays, l'espoir de son troupeau,
La gloire de Bavon, astre pur et nouveau,
Projette son reflet sur l'immense royaume.
Grand au palais du prince, ainsi que sous le chaume,
Ce Pasteur, par l'éclat de son abaissement,
Faisait tout notre orgueil et tout notre ornement,
Et le Ciel, dans son sein fécondant la sagesse,
Elevait, inspirait sa sublime faiblesse.
Pauvre de Jésus-Christ et méprisé pour lui,
Il était des chrétiens et le père et l'appui.
Poursuivant le trépas jusque dans ses abîmes,
Sa voix en évoquait de poudreuses victimes.
Toi donc qui parmi nous commandais à la mort,
Pontife bienheureux, veille sur notre sort,
Abaisse sur nos fronts ta céleste puissance,
Et d'un troupeau chéri sois toujours l'espérance.

Tels sont, ami, les vers dont Liévin, son enfant,
Veut orner de Bavon l'illustre monument.
Reçois-les de ma main et grave-les toi-même :
Ainsi vivra toujours cet éloge suprême,
Ainsi quand la ruine, en fondant sur ces lieux,
Viendrait à dérober cet asile à nos yeux,
Nos fils du moins pourront sur la pierre fidèle
Lire encor de Bavon l'épitaphe éternelle.

Tels furent les derniers accents de saint Liévin.
« Puisant ainsi, dirons-nous avec le savant Bénédictin dom Pitra, l'héroïsme du martyre sur le tombeau d'un très-rude pénitent, saint Bavon, l'apôtre irlandais, barde autrefois et poëte joyeux, dit-il lui-même, était habile à tirer de sa lyre, trempée dans les eaux Castaliennes, le mètre de Pindare. C'est là que l'inspiration lui revint; il composa une glorieuse épitaphe et prophétisa avec un accent d'enthousiasme lyrique son prochain martyre, et en même temps promit à ses vers, comme les poëtes classiques, une longue durée que méritait ce chant du cygne martyr (1). »

(1) Sæcul. 2 *Act. Bened.*, ad ann. 655.

CHAPITRE XII.

PERSÉCUTION DE SAINT LIÉVIN. — VISION DE NOTRE SAUVEUR A CE SAINT ARCHEVÊQUE.

> *Et dixit illi Jesus: Amen dico tibi, hodie mecum eris in paradiso.*
> (Luc, c. 23, v. 43.)
> Jésus lui dit : Soyez-en certain, vous serez aujourd'hui, avec moi, dans le paradis.

Dieu, qui voulait éprouver de plus en plus la constance de saint Liévin, permit que tant de talents et de vertus à la fois ne trouvassent point grâce devant des hommes abrutis et plongés dans toutes sortes de vices. Ni sa grande sainteté, ni ses miracles ne purent en effet les arrêter dans leur infernal projet, de se défaire de ce digne ministre du Seigneur. A l'exemple de son divin Maître, il fut traité d'imposteur et de faux prophète ; mais ni leurs clameurs, ni leurs menaces ne purent arrêter le zèle ardent du saint Prélat : il savait trop que souvent les persécutions accompagnent la sainteté, et qu'elles sont presque toujours le creuset qui sert à épurer l'âme du juste et du prédestiné.

Aussi sans craindre le moindre danger, et ne faisant acception de personne, il s'adresse à tous ceux qui l'environnent, leur annonce les jugements de Dieu et ses châtiments éternels. Alors l'un d'entre eux nommé Walbert, furieux, et véritable suppôt du démon, s'élance sur lui, armé d'une tenaille, lui arrache la langue (1), et la jette avec le plus grand mépris, en disant : « Voyez la langue de ce séducteur ; ayant perverti notre peuple, elle n'a mérité que d'être donnée aux chiens (2). »

A peine ce misérable eut-il prononcé un tel blasphème, que la justice divine l'enveloppe et l'étreint dans une flamme qui le dévore ainsi que ses instigateurs, au nombre de treize, au point qu'on ne retrouva plus la moindre trace de leur cendre (3).

(1-2) Exsectionem sustinuit linguæ suæ, quæ tamen cum ante projecta fuisset, canibus devoranda, mox ei divinitus restituta fuit. (Lect. 6 *Brev. Gand.*, edit 1572.) — Et canibus projecta divinitus ei redditur. (*Brev. Gand.*, p. 149, edit. 1805.) — Boniface. — Le R. P. Leclercq. — Le R. P. Ribadeneira, *Fleurs de la vie des saints*, t. 2. — Gazet, *Hist. Eccles.*, p. 378. — Baillet, septième siècle, édit. de 1725.

(3) De repente flamma, Walbertum et tredecim alios tanti sceleris conscios artifices corripit, nec non ita funditus absumit, ut ne cineres ipsos, nedum ossa daretur invenire ; et lingua Livini restituitur ampliori fœnore. (*Brev. Gand.*) — Malbrancq, lib. 3, p. 337. — Le ms. de Dom Ducrocq.

Pendant ce temps, par un second prodige non moins éclatant, la langue du saint Archevêque lui avait été rendue : il la consacra avec une nouvelle ardeur à la prédication de l'Évangile, afin de convertir ceux que cette punition terrible du Ciel n'avait point encore touchés. De ce nombre on distinguait surtout un appelé Gérard, qui, irrité d'entendre encore la parole du saint, se disposait à l'insulter de nouveau.

Mais une puissance invisible lui retint aussitôt le bras suspendu sur la tête du serviteur de Dieu, et força cet impie à se jeter humblement aux genoux de saint Liévin, qui lui pardonna son crime et lui rendit l'usage de son bras (1).

Ce fut vers cette époque que, d'après l'historien Boniface, le saint Archevêque de Gand se préparait à faire de son corps une offrande agréable à Dieu, et à verser son sang pour l'amour de son divin Maître, tout en offrant à l'autel la victime sans tache (2).

Un dimanche soir, étant à faire sa prière ordinaire, il vit lui apparaître notre Sauveur, accompagné de quelques-uns de ses disciples, et, tout radieux d'une lumière éblouissante, il lui dit : « Réjouissez-vous,

---

(1) Sic prætenso brachio et rigescente, non sine gravis infamiæ nota permansit. (Malbrancq, lib. 3, p. 337.) Et veniam impetrat atque etiam incolumitatem. (Id.)

(2) Boniface, *Vie de saint Liévin.* — L'abbé Destombes.

mon bien-aimé, travaillez avec courage, demain, vers le midi, je vous recevrai dans mon royaume et vous vous réjouirez éternellement avec moi, ainsi que vos frères. » Le courageux soldat de Jésus-Christ fut on ne peut plus consolé à la suite de cette vision de son divin Maître.

Instruit donc de sa mort prochaine, il réunit tous les fidèles qu'il avait convertis, pour leur adresser une dernière fois des paroles de bonté et d'encouragement. Il les exhorta à rester fermes dans la voie du salut, les comblant de ses bénédictions ; il leur donna à tous le baiser de paix ; et les yeux baignés de larmes, ce troupeau fidèle se sépara de son pasteur. De son côté, suivi de ses trois fidèles compagnons, il dirige ses pas vers le village d'Esche, afin d'annoncer l'Évangile aux habitants de ce pays, et peut-être aussi pour y trouver l'accomplissement de la promesse du Sauveur : « Soyez fidèle jusqu'à la mort, et je vous donnerai la couronne de vie ; *Esto fidelis usque ad mortem et dabo tibi coronam vitæ.* (Apocal., ch. 2, v. 10.)

CHAPITRE XIII.

SAINT LIÉVIN MENACÉ DE LA MORT. — SON INVOCATION A JÉSUS-CHRIST.

> *Nolite timere eos qui corpus occidunt, animam autem non possunt occidere, sed potius timete eum qui potest et animam et corpus perdere in gehennan.*
> (MATTH., c. 18, v. 28.)
>
> Ne craignez point ceux qui tuent le corps et ne peuvent tuer l'âme; mais plutôt craignez celui qui peut précipiter l'âme et le corps dans l'enfer.

En ce temps, les deux frères Walbert et Meinzo (1) apprirent le départ du saint missionnaire. Persuadés qu'il avait pris lâchement la fuite, ils réunirent les ennemis les plus acharnés de saint Liévin et les soulevèrent contre lui, par des paroles outrageantes et d'odieuses calomnies. Dieu permettait qu'il bût ainsi jusqu'à la lie le calice de la tribulation. « Ce blasphé-

---

(1) Les frères Walbert et Meinzo de Haulthem. (*Originum rerumque celticarum* Adriani Scriecki, p. 496, edit. 1614.)

mateur, criaient-ils, a méprisé nos lois, et trompé le peuple. A présent nous savons qu'avec sa sorcellerie il ne peut avancer près de nous, et qu'il s'est au contraire retiré furtivement : poursuivons-le, il n'échappera pas à notre haine, vengeons-nous ! »

Cette insolente provocation souleva ceux auxquels elle s'adressait, et tout disposés qu'ils étaient à exercer leur fureur, ils prirent la résolution de marcher de suite à la recherche de leur victime.

Alors notre saint, dans une humble retraite, à Esche (1), était à faire ses prières, non loin de ces barbares; les mains et les yeux levés au ciel, il offrait courageusement à Dieu le sacrifice de sa vie. C'est dans ce moment suprême et d'agonie, dirons-nous, que l'Esprit-Saint lui apparut sous la forme d'une colombe, laissant de son bec distiller sur la tête du Prélat trois gouttes de sang accompagnées de ces mots (2) « Ne craignez pas, mon bien-aimé, la porte de la vie vous est ouverte; il est temps que vous veniez dans la joie du Seigneur. *Ne timeas, serve meus, neque paveas, quia ecce ego salvabo te.* » Ces paroles

---

(1) Sinte-Lievens-Esche, bourg situé sur le territoire d'Alost, autrefois érigé en vicomté, appartenant à messire Gaspart Damont, vicomte d'Omberghe.

(2) Boniface. — Malbrancq., lib. 3, p. 338 : Spiritus sanctus adstitit instar columbæ niveæ, tres sanguinis guttulas in caput stillans.

consolantes avaient été adressées autrefois au prophète Jérémie, ainsi qu'il le rapporte lui-même, au livre de ses prophéties, chapitre 30°.

A l'approche du péril, l'intrépide Pontife redouble de ferveur, sa prière s'élève au trône de l'Éternel, comme l'odeur d'un agréable encens. Il priait encore quand tout à coup un bruit d'armes se fit entendre : Voici, s'écrie Follian (1), des hommes armés. C'était en effet Walbert et Meinzo, qui, furieux, ainsi que leurs complices, venaient pour saisir l'objet de leur haine implacable.

Le courageux confesseur de Jésus-Christ se lève et marche d'un pas ferme à la rencontre de ses ennemis; il sait, comme saint Paul, que les souffrances de ce temps ne sont pas comparables à la gloire immense qui nous est réservée dans le ciel : *Non sunt condignæ passiones hujus temporis ad futuram gloriam quæ revelabitur in nobis.* (Ad Rom., 8, 18.)

Son intrépidité fait trembler leur audace : leur fureur expire à ses pieds. « Qui cherchez-vous, frères? Si c'est le regret d'avoir été dans l'égarement jusqu'à ce jour, et que vous demandiez grâce à Dieu, il est

---

(1) Dans ses *Annales ecclésiastiques*, t. 8, le cardinal Baronius fait mention du martyre de saint Follian, en l'an 654, et il assure que ce saint était associé avec saint Livinus, évêque de Gand, pour prêcher l'Évangile dans ces contrées.
— Desmay, doct. en Sorbonne, *Vie de saint Furcy*, p. 167.

tout disposé à ouvrir la porte de sa miséricorde à ceux qui frappent avec instance ; car il est dit : Demandez, et il vous sera ouvert ; frappez, et l'on vous ouvrira : *Petite, et dabitur vobis ; quærite, et invenietis; pulsate, et aperietur vobis.* » (Saint Luc, c. 11, v. 9.)

Mais loin de les adoucir par ces paroles d'une ineffable bonté, ces cœurs féroces ne devinrent que plus obstinés dans leur coupable projet. « C'en est donc fait, ajoute le saint Évêque, je connais vos desseins, mais je mourrai tranquille ; il est écrit : Ne craignez pas ceux qui tuent le corps, car ils ne peuvent tuer l'âme ; mais craignez plutôt celui qui a le pouvoir de précipiter le corps et l'âme dans l'enfer.

« Que vos criminels desseins s'accomplissent donc; vous allez me faire mourir temporellement, mais je renaîtrai à la vie éternelle, pour commencer à vivre avec Jésus-Christ ; veuillez toutefois me permettre ici de lui adresser une dernière prière.

« O Seigneur, mon Dieu, qui m'avez sanctifié dans le sein de ma mère, et par la lumière de votre grâce avez éclairé ma naissance, et qui fûtes mon conducteur sur la mer, exaucez-moi, Seigneur. Que ceux qui me poursuivent injustement à cause de votre nom ne soient pas effacés du livre de vie ; mais lorsqu'ils auront assouvi leur haine par l'effusion de mon sang, veuillez, par votre grâce, leur accorder une parfaite contrition de leurs péchés, et les recevoir parmi le nombre de vos élus. Accordez, Seigneur, que le lieu où reposera mon corps, ou celui où ma mémoire sera honorée, soit toujours un lieu de paix et de tout bien ; que ceux qui, sur la mer ou dans les eaux, sur la terre, dans les prisons, dans un état de maladie ou dans toute autre nécessité, se souviendront de mon nom et invoqueront mon intercession auprès de vous, Seigneur, daignez exaucer leurs prières, afin qu'ils reconnaissent que vous êtes véritablement fidèle à vos élus et saint en toutes vos œuvres ; faites aussi que tous les pécheurs obtiennent, par votre miséricorde, le pardon de leurs péchés et qu'ils bénissent toujours votre saint nom. Daignez encore, Seigneur, accorder à ceux qui célébreront dévotement le jour de mon triomphe au ciel, un heureux succès dans leurs affaires et qu'ils ne soient tourmentés d'aucune maladie, mais que la paix de l'âme et la santé du corps les accompagnent fidèlement durant leur vie, pour jouir ensuite de votre gloire dans tous les siècles des siècles. »

Ses disciples répondirent *Amen*, et en même temps on entendit du ciel ces paroles : « Mon bien-aimé, vous serez favorablement exaucé sur l'objet de vos prières (1). »

---

(1) Nous admettons ici avec Ghesquières que cette prière de saint Liévin a pu recevoir quelque addition. Mais, dans la crainte d'omettre quelque chose d'essentiel à ce pieux docu-

A cette occasion nous ferons la réflexion suivante, que nous avons trouvée dans une des pages admirables de Châteaubriand : « La loi du sang et du sacrifice est partout; Dieu a livré son Fils aux clous de la croix, pour renouveler l'ordre de l'univers, » ainsi que le sang de ses intrépides martyrs, ajouterons-nous.

ment du saint martyr, et ne sachant, avec l'auteur précité, ce qu'il faudrait admettre ou rejeter, nous avons cru devoir donner ici cette même prière telle que nous l'avons lue dans Boniface, Mabillon, le R. P. Leclercq et l'auteur anonyme de la vie écrite en flamand, touchant ce grand et illustre Archevêque d'Écosse. — Voir au n° 6 des pièces justificatives la prière de ce saint rapportée par Mabillon, à la page 453 de ses œuvres.

CHAPITRE XIV.

MORT DE SAINT LIÉVIN. — SON TOMBEAU APPORTÉ PAR LES ANGES.

> *Qui autem perdiderit animam suam propter me et evangelium, salvam faciet eam.*
> (MARC, c. 8, v. 35.)
> Celui qui perdra son âme pour l'amour de moi et de l'Évangile, la sauvera.

Le saint Prélat, à cette heure suprême, soutenu par la grâce de Dieu, s'adresse ensuite à ses ennemis : « Frères, leur dit-il, je suis une offrande de mon roi qui m'appelle ; j'attends la gloire qu'il m'a préparée dans le ciel ; ses anges sont ici debout pour me recevoir ; usez de votre force et même de toute votre cruauté. Ceux-ci, mes compagnons, sont les agneaux du Christ ; je leur souhaite paix, car ils sont innocents, et n'ont fait de mal à personne. » Il les serre alors sur son cœur. « Mes très-chers amis, continua-t-il, que le Tout-Puissant vous conserve éternellement. »

Il lève enfin les yeux vers le ciel et prononce ces dernières paroles : « Seigneur, je remets mon esprit entre vos mains ; vous m'avez racheté, Dieu de vérité. *In manus tuas commendo spiritum meum, redemisti me, Deus veritatis.* »

A peine eut-il terminé ces mots que les frères Meinzo et Walbert le saisirent avec fureur, et, lui portant plusieurs coups mortels, lui tranchent la tête en présence de tous ceux qui les entouraient (1). Son âme bienheureuse, d'après saint Boniface, toute brillante de lumière, fut portée au ciel par des chœurs d'anges, la veille des ides de novembre de l'an 657 : « *Anima ejus ab angelis suscepta meruit scandere secreta cœli cum magna claritate cœlestis gloriæ pridie idus novembris, anno 657.* »

Malbrancq rapporte également ce prodige (2), que Dieu, dirons-nous, fit aussi à l'égard de sainte Berthe (3) et de sainte Godeleine. Alors que cette dernière venait de recevoir la palme du martyre, on entendit un concert céleste, et les anges du Seigneur

---

(1) Ms. n° 8941, biblioth. de Bourgogne à Bruxelles. — t. 15. — *Orig. rerum celticarum*, p. 406. — Adrianus Serieck, 1614.

(2) Lib. 3, p. 558 : Ab omnibus visa est anima summo cum triumpho in cœlum ab angelis efferri.

(3) L'abbé Parenty, vic. gén., chan. d'Arras, *Vie de sainte Berthe*, p. 71.

reçurent dans leurs radieuses phalanges l'âme de la sainte (1).

Près de l'endroit où fut martyrisé notre saint Archevêque, saint Amand, plus tard, bâtit une abbaye sous l'invocation de saint Pierre et de saint Paul (2). Gazet met la mort de saint Liévin à l'année 634 (3), tandis que l'abbé Fleury (4) et les Dominicains Richard et Giraud (5) n'admettent que l'an 656; le père Longueval, l'an 657 (6), et l'abbé Normand, l'an 659.

Quoique saint Liévin ne perdit ainsi son âme que pour la retrouver dans la vie éternelle (7), toujours est-il que cette mort, selon l'expression d'un pieux Évêque, fut une perte énorme, nous dirons plus, une calamité pour le pays entier. En apprenant la mort du glorieux martyr, hommes, femmes, enfants, riches ou pauvres, tous fondirent en larmes, et vinrent en

---

(1) Debaecker, membre de plusieurs sociétés savantes, *Vie de sainte Godelive*, p. 78.
(2) L'abbé Destombes, *Vie de saint Amand*, p. 314.
(3) *Hist. Eccles.*, p. 378.
(4) *Hist. Eccles.*, t. 8, p. 425.
(5) *Bibliothèque sacrée*, t. 15.
(6) *Histoire de l'Église Gallicane*, liv. 9. — Le baron Henrion, *Histoire générale de l'Eglise*, t. 3, p. 206. L'abbé Normand, p. 180; Bruxelles, 1841.
(7) Sanctus Livinus, qui juxta mandatum Dei sui perdidit animam suam invenit in vitam sempiternam. (*Brev. Gand.*)

foule rendre les derniers devoirs et les honneurs suprêmes à son corps inanimé. Parmi eux se trouvait la pieuse Craphaïlde ; elle portait dans ses bras un jeune enfant, Brixius, que saint Liévin avait tenu sur les fonts baptismaux, lors de son séjour chez cette noble dame. « Comment, s'écrie-t-elle avec la plus grande indignation, avez-vous pu assassiner aussi lâchement le plus innocent comme le plus saint des hommes, cette lumière de nos contrées ? »

Irrité de ce reproche énergique, plus furieux qu'un tigre, Walbert se jette sur elle armé d'une hache et l'abat à ses pieds. Ce monstre coupa ensuite en plusieurs morceaux le jeune enfant qu'elle portait et le lança sur le cadavre de son vénérable parrain (1). Ainsi Brixius et sa mère reçurent la couronne du martyre avec l'illustre Pontife Liévin, au village d'Esche (2), le 12 novembre de l'an 657. Cette date, qui est celle d'Henri Pertz, nous paraît la plus rationnelle comme la plus certaine (3), bien qu'elle soit contestée par plusieurs auteurs, ainsi que nous l'avons dit plus haut. Ces trois martyrs furent ensevelis à Haulthem (4), dans le territoire d'Alost ; un tom-

(1) Voir les pièces justificatives n° 7.
(2-3) Ghesquières. — *Annal. Petri Blandi*, Vandeputte; Gandavi, 1842.—Thielrode, *Chron. de Saint-Bavon,* 1855. — Le chanoine Desmet. — La commission belge d'histoire.
(4) Voir les pièces justificatives n° 8. — Lieu d'un pèlerinage célèbre. (*Revue de Bruxelles*, 1838.)

beau neuf que les anges y avaient préparé (1) reçut les restes mortels de saint Liévin et de son filleul ; près d'eux on déposa dans un autre tombeau le corps vénéré de la bienheureuse Craphaïlde (2). C'est ainsi que sur sa tombe de nouveaux témoins déposaient un second témoignage ; les peuples célébraient une nouvelle gloire, et la double tradition du récit des écrits et de l'exemple renaissait sans fin : les générations saintes ne s'épuisaient pas (3).

Nous lisons dans le Bréviaire romain, au 25 novembre, que le corps de sainte Catherine fut transporté par des anges sur la montagne du Sinaï, où il fut enseveli miraculeusement par eux.

---

(1) Saint Boniface : Et posuerunt pariter in monumento novo angelicis manibus divinitus præparato. — Malbrancq, lib. 3, p. 338 : Attoniti discipuli loculum angelicis manibus recens paratum comperiunt.— Gazet, *Hist. Eccles.*, p. 378. —*Monumenta Germaniæ historica*, Henricus Pertz, t. 2, p. 186.

(2) Voir les pièces justificatives n° 9.

(3) Dom. Pitra, *Vita sancti Livini*, prol., 2 sæcul. Bened.

CHAPITRE XV.

MIRACLES DE SAINT LIÉVIN APRÈS SA MORT.

> *Mirabilis Deus in sanctis suis.*
> (Ps. 67, v. 36.)
> Dieu est admirable dans ses saints.

Une tradition constante, confirmée par Chrétien Massé dans sa vie de saint Liévin, veut que ce saint martyr, après sa décapitation, prit sa tête pour aller d'Esche à Haulthem (1), éloigné d'une lieue et demie du tombeau que lui avaient miraculeusement préparé les anges du Seigneur. Tel fut aussi le sentiment de saint Boniface (2) et du R. P. Leclercq.

L'abbé Décorte, curé d'Ottignies (Flandre occidentale), ne partage point notre opinion, ainsi qu'il

---

(1) Livini Houthem, lieu d'un pèlerinage très-célèbre autrefois, *Mém. des communes de la prov. orient.*, F. T. Willeins; Bruxelles, 1845.

(2) Sanctus Livinus erexit se et tulit caput suum, portavit in Houlthem, in sepulchrum angelicis manibus præparatum. (Saint Boniface.)

appert dans une lettre qu'il nous fit tenir le 4 juin 1849, par le R. P. Carpentier, Bollandiste au collége Saint-Michel à Gand :

« Je ne crois pas, dit cet ecclésiastique, que saint Liévin ait porté sa tête d'Esche à Haulthem. Cette croyance vient de ce qu'anciennement on représentait les saints qui avaient été décapités, tenant leur tête dans les mains. Il est vrai néanmoins que jusqu'à nos jours on indique encore le sentier que notre saint aurait suivi pour venir d'Esche à Haulthem. Selon moi, c'est le sentier que prirent ses disciples lorsqu'ils transportèrent son corps d'Esche ici, ce qui a dû être fait en secret, car le chemin que nous voyons est un sentier détourné à travers les bois. »

Quoi qu'il en soit, et sans admettre ici l'avis de l'abbé Décorte, nous dirons que ce prodige a toujours été cru jusqu'à nous, et que dans ces deux localités on suit encore avec une vénération bien grande la route qu'a faite le corps du saint Prélat.

On admire dans le musée de Bruxelles un tableau de Rubens représentant d'une manière ravissante les circonstances horribles du martyre de saint Liévin, sur qui les idolâtres épuisèrent toute leur rage. Un tableau à Dunkerque (1) et d'anciennes statues dans diverses églises de la Flandre et de la Belgique, le

(1) Archives particulières de R. de Berteaud; Dunkerque, 1850.

représentent debout avec sa tête posée sur ses deux mains, à la hauteur de l'estomac. On le voit ainsi sur le cénotaphe de saint Liévin à Haulthem.

Ce prodige est arrivé, comme on le sait, d'après l'histoire ecclésiastique, à plusieurs autres saints également célèbres.

Saint Denis l'Aréopagite, cet apôtre de la France, eut la tête tranchée près de Paris ; comme saint Liévin, il s'est relevé après son supplice, prenant sa tête dans les mains pour la porter la distance de quatre kilomètres (1), accompagné qu'il était des anges, chantant mélodieusement les louanges du Seigneur, et dont les dernières paroles furent : *Gloria tibi, Domine, alleluia.*

Ce miracle se répéta à l'égard de Procul, Évêque de Bologne; de Piat, martyr, et du Pontife Chrysole, les premiers qui implantèrent la foi à Tournay.

Saint Piat, après avoir eu le sinciput enlevé, gagna avec ce fragment en main le village de Seclin, près de Lille, converti en partie à la vue de ce prodige, d'après le témoignage d'une ancienne chronique. Chrysole eut aussi le sommet de la tête enlevé, ce qui ne l'empêcha point de se rendre de Verlinghem,

---

(1) Dionysius Atheniensis, unus ex Areopagitis judicibus... abscissum suum caput sustulisse, et progressum ad duo millia passuum in manibus gestasse. (9 oct., p. 397, *Brev. Rom.*, edit. 1847.)

voisin aussi de Lille, à Commines, après un parcours de douze kilomètres. Là existe encore une fontaine qui porte son nom. Toutes les personnes atteintes de la fièvre vont y boire de l'eau pour obtenir leur guérison.

Nous pouvons donc admettre également, avec plusieurs biographes de saint Liévin, que le Ciel a pu opérer le même miracle en sa faveur, ce qui, du reste, est conforme à la croyance générale du pays, consacrée par un monument, nous voulons dire une superbe chapelle érigée en son honneur, sur la place qui fut rougie du sang de notre glorieux martyr. On y indique encore l'emplacement de la maison de sainte Craphaïlde, tenant en quelque sorte à l'Église. Ce sanctuaire est célèbre par les miracles qui s'y opèrent chaque jour; on y vient en foule de tous les côtés, et des malades nombreux s'en sont retournés parfaitement guéris (1).

Il est donc remarquable, cet oratoire, et justement remarquable, répéterons-nous avec une histoire sacrée (2); ce qu'il y a de plus merveilleux encore, c'est que la foi annoncée dans ces contrées par saint

---

(1) Ex mss. *Codice Alnensi* à Mabill. edita. — Serrarius. — Baillet, t. 3. — *Bibliothèque sacrée*, t. 15.

(2) Hic est insignis cappella sancto Livino sacra constructa eo loco... quæ multum celebris est... (Gestelinus, t. 2, *Hist. Archiep. Mechlinensi*, p. 211.)

Liévin, s'y est toujours conservée intacte au milieu des guerres et des persécutions des hérétiques. Non, jamais l'hérésie n'a infecté de son poison contagieux le village d'Esche.

Son tombeau fut également respecté à Haulthem, lors de l'irruption des Normands et des Danois, l'an 837. Vainement ces barbares ravagèrent-ils tout par le fer et le feu, la chapelle de saint Liévin fut miraculeusement préservée de leurs profanations (1).

Près de cet oratoire existe en outre une source d'eau limpide qu'a fait jaillir l'illustre Archevêque d'Écosse en frappant la terre de sa crosse pastorale.

« Cette fontaine, nous dit l'abbé Décorte (2), a ceci de particulier que l'eau en est toujours à la même hauteur, dans les grandes sécheresses comme dans les grandes pluies. Les nombreux pèlerins qui visitent cette chapelle ne manquent jamais d'emporter une petite fiole d'eau de la fontaine. »

Ainsi en est-il, ajouterons-nous, des fontaines miraculeuses de saint Maxime à Wismes (3), de sainte

---

(1) Cum Northmanni et Dani totam Galliam igne et ferro depopulati sunt, anno 837, intactum permansit sancti Livini sepulcrum. (*Cod. Alnens.* à Mabill. edit.)

(2) Lettre du 4 juin 1849.

(3) M. Harbaville, t. 2. — Wismes, canton de Lumbres, Pas-de-Calais.

Emme à Blingel, vers Blangy (1), et de sainte Godelive ou Godeleine, à Wierre-Effroy (2). Ecoutons M. Louis Debaecker, auteur de la vie de cette sainte : « Elle planta dans un petit bois, voisin de la maison de son père, la quenouille dont elle se servait, et une source jaillit à l'instant même de cet endroit. Une chapelle y fut élevée et attira bientôt des pèlerins qui venaient boire de cette eau miraculeuse. »

D'après l'historien Baillet (3), les anciens Martyrologes, c'est-à-dire ceux du neuvième siècle, ne font nullement mention de saint Liévin. Le romain moderne en parle au 12 de novembre, qui est le jour de sa principale fête : on célèbre au 28 juin celle de son élévation de terre, et celle de sa seconde translation.

Nous terminerons ce chapitre par une réflexion de M. de Montalembert dans son histoire de sainte Élisabeth, t. 1.

Saint Liévin, dirons-nous, après avoir foulé aux pieds la couronne des rois, a été orné de la plus belle couronne qui soit connue des hommes, de la couronne

---

(1) L'abbé Parenty, *Vie de sainte Berthe*, p. 67. — Canton du Parcq, id.

(2) *Vie de sainte Godelive*, p. 51 ; 1849. — L'abbé Blaquart, *Vie* de la même sainte, 1844. — Wierre-Effroy, village du Boulonnais.

(3) Baillet, t. 7, p. 631.

de saint. Il a été glorifié par le culte du monde chrétien, il a été doté de cette popularité de la prière, la seule éternelle, la seule universelle, la seule qui soit décernée à la fois par les savants et les riches, et par les pauvres, les malheureux, les ignorants, par cette immense masse d'hommes qui n'ont ni le temps, ni l'esprit de s'occuper de gloires humaines ; oui, son nom est glorifié à jamais, sous les voûtes de nos églises, au pied des saints, dans l'effusion de l'âme chrétienne au pied de son Dieu.

DEUXIÈME PARTIE.

CHAPITRE PREMIER.

VÉNÉRATION SOLENNELLE DES PEUPLES POUR LA MÉMOIRE DE SAINT LIÉVIN. — PREMIERS HOMMAGES RENDUS A SES SAINTES RELIQUES.

> *Miraculorum gloria et sanctitatis fama longe lateque clarus.*
> (BRÉVIAIRE DE GAND.)
>
> La réputation de sa sainteté, ainsi que l'éclat de ses miracles, se répandent partout.

L'immense renommée des prodiges nombreux qui s'opéraient au tombeau de saint Liévin étant parvenue aux oreilles de Théodoric, Evêque de Cambrai, dont le diocèse comprenait alors le village de Haulthem, ce pieux Pontife s'empressa de venir le visiter lui-même, pour s'assurer de l'exacte vérité de tant de merveilles. Il apprit, sur les lieux, que les miracles sans nombre qu'on y enregistrait chaque jour, étaient bien au-dessus de tout ce qu'on lui avait rapporté (1). Nous savons que dans ces âges de foi, la canonisation ne demandait pas les longues enquêtes et les discussions contradictoires que la prudence de l'Église exige à présent. A un jour donné, l'Évêque diocésain, les Prélats et les abbés des environs se réunissaient dans le temple où les corps des martyrs, des confesseurs ou des vierges avaient été enterrés, et au milieu des cérémonies les plus splendides du culte, le clergé, entouré par les comtes ou comtesses, les nobles et un peuple innombrable, relevait les reliques du tombeau, et les déposait dans un lieu plus digne, ou dans des châsses précieuses, et dès lors pouvait commencer le culte public du saint, devancé d'ailleurs toujours par des miracles et un culte populaire.

C'est pourquoi, sur l'avis donné et le désir exprimé par les abbé et religieux du couvent de Saint-Bavon, pour céder enfin aux vœux empressés et bien légitimes du clergé, comme du peuple, l'Évêque de Cambrai fit lever de terre le corps glorieux du saint Archevêque d'Écosse, ainsi que celui de l'enfant Brice. On les déposa dans une châsse magnifique, que le Prélat fit placer sur une éminence, afin qu'a-

---

(1) Audiens Theodoricus Cameracensis Episcopus sepulchrum sancti Livini in Haulthem celeberrimis miraculis coruscare, eo mox advenit, locum visurus et rei veritatem coram intellecturus. (*Brev. Gand.*)

perçues du plus loin possible, ces précieuses reliques fussent vénérées des fidèles accourus de toutes parts pour rendre hommage à la mémoire du saint apôtre de la Flandre, ce qui arriva le 28 juin de l'an 842, sous le règne d'Eynard, abbé de Saint-Bavon (1). Plus tard, d'après Feller, c'est-à-dire en l'année 882, Thierri, Évêque de Cambrai, aurait fait aussi une autre élévation solennelle du corps du saint martyr.

Ainsi fut rendu cet hommage éclatant et public à celui qui déjà bien longtemps auparavant avait été préconisé par la voix et la piété des peuples. Depuis, pleine d'admiration pour notre glorieux Pontife, l'Église de Gand, dans sa liturgie, a fait entendre ces belles paroles : « Jour illustre que celui du martyre du bienheureux Liévin. Toute l'Église pleurait ce prêtre si distingué, ce martyr de Jésus-Christ, mais son triomphe fait sa gloire universelle. Remarquez bien, continue-t-elle, l'époque pendant laquelle le bienheureux Liévin fut élevé à la dignité épiscopale.

(1) Anno 842, elevatio sancti Livini archiepiscopi et martyris egregii, et sancti Brictii infantis, facta est apud villam Hulthem per Theodoricum, Cameracensem Episcopum. (*Monumenta Germaniæ*, Henricus Pertz. — Oliverii de Langhe, prioris abbatiæ Sancti Bavonis, in suo tractatu mss. *de Processione, cum sancto corpore beati Livini, versus Haulthem.* — Gazet, *Hist. Eccles.*, p. 578. — Delworde, *Histoire du Hainaut.*

Alors partout où l'on jetait les yeux, on ne rencontrait que précipice, qu'abîme, que guerre, que combat, que périls, qu'empereurs, que rois et peuples, nations amies ou étrangères tendant des piéges à ceux qui croyaient en Jésus-Christ (1).

(1) *Prop. Gand.*, p. 171, edit. 1824.

CHAPITRE II.

SACRILÉGE D'HENRI Ier, AU TOMBEAU DE SAINT LIÉVIN. — SA CONVERSION.

> *Custodit Dominus omnia ossa justorum; unum ex his non conteretur.* (Ps. 33, v. 20.)
>
> Le Seigneur conserve les os des justes, et ne permet pas qu'un seul d'entre eux soit foulé aux pieds.

Dans le courant de l'année 1007, l'empereur d'Allemagne Henri II, à la tête d'une formidable armée, marchait contre Bauduin, comte de Flandre, surnommé le *Dangereux*. Il vint au village de Haulthem, où se trouvaient les précieuses reliques de saint Liévin, sous la garde d'un avoué ou vidame (1).

La haute réputation de ce saint, les richesses que renfermait son église avaient excité la convoitise de l'empereur ; aussi, après avoir inutilement tenté le

---

(1) Cette avouerie appartenait en 1212 au chevalier de Berleghem, qui la vendit alors au monastère de Saint-Bavon. (*Recherches* d'Épinoy, p. 175.)

siége de Gand, où il rencontra la résistance la plus opiniâtre de la part du noble comte, il tourna ses armes vers les lieux d'alentour, qu'il livra au pillage de ses troupes irritées. Les habitants de Haulthem, pour éviter leur brutalité, s'enfuirent avec leurs trésors dans le sanctuaire du bienheureux patron, dont ils ressentirent la protection puissante dans cette circonstance périlleuse.

En effet, à peine furent-ils entrés dans le lieu saint que quatre soldats en brisent les portes : sur le seuil apparaît le vénérable prêtre Adalbert, qui les prie de cesser leurs profanations et les menace des châtiments de Dieu. Sourds à cet avertissement sévère, ils n'en continuent pas moins l'accomplissement de leurs desseins sacriléges. Mais à l'instant ces malheureux deviennent aveugles, ainsi que tous ceux qui les suivaient sous le porche; comme les Egyptiens endurcis, ils furent enveloppés d'épaisses ténèbres (1).

Ce miracle jeta la stupeur dans toute l'armée, et l'empereur Henri, nouvel Antiochus, vit son orgueil ainsi humilié sous la main de Dieu. En réparation de son crime, il lui offrit sa couronne et se dépouilla de ses riches habits pour prendre le cilice et se couvrir de cendres. C'est dans cet état d'humiliation profonde

---

(1) Omnes subito in oratorio cæcitate percussi sunt, foris autem in atrio densitas tenebrarum, cunctas quasi ægyptios induratos oppressit. (Ex *Codice Alnensi*, Mabillon.)

qu'il vint se prosterner devant la châsse de saint Liévin, afin d'implorer par son intercession la miséricorde divine et de détourner de sa tête les fléaux dont il était menacé. Tant d'humilité et de repentir de la part de ce souverain, trouvèrent grâce devant le Seigneur ; mais comme il reconnut qu'il ne devait sa délivrance qu'au glorieux martyr, il ne repartit de Haulthem qu'après lui avoir fait une offrande considérable, au lieu d'avoir spolié l'oratoire du grand serviteur de Dieu, ainsi qu'il en avait conçu d'abord le dessein (1).

L'abbé Décorte, dans sa lettre qu'il nous adressa en juin 1849, pense que cette église fut consacrée par saint Liévin lui-même, dédiée qu'elle est à saint Michel, au lieu de l'avoir été à ce saint apôtre de la Flandre, ce qui serait effectivement arrivé, si elle eût été bénie par tout autre Évêque que par notre saint Prélat. Reconstruite en 1773, il n'en est resté qu'une partie qui date du septième siècle.

A un kilomètre de là, il existe une autre chapelle, sous le vocable de saint Liévin, célèbre par ses guérisons miraculeuses, et très-fréquentée encore de nos jours.

Après la tentative inutile du prince allemand, comme nous venons de le dire, Erembold, alors abbé

---

(1) Salvatus est autem populus ille et denaria multa offerebat saucto Livino. (Mabillon.)

de Saint-Bavon, et qui depuis longtemps demandait à Dieu la faveur de posséder, dans son saint monastère, les cendres du saint martyr, profita du passage d'Henri II, revenu à de bons sentiments, pour obtenir cette grâce de sa libéralité, et mettre ainsi à l'abri de tout danger ce cher et précieux dépôt.

Ce religieux sut en effet par révélation divine que les projets de l'empereur étaient changés à la suite du miracle dont nous venons de parler, et que ce prince avait respecté *le trésor si grand* renfermé à Haulthem, c'est-à-dire la châsse magnifique de saint Liévin. Après le départ de l'empereur, à la suite d'une autre révélation, le pieux abbé se mit en devoir de transférer de cet endroit les précieuses reliques du saint Archevêque, dans la cathédrale de Gand. Pour cet effet il réunit le chapitre, à qui il fit part de son intention, et ils arrêtèrent ensemble de se rendre à Haulthem près du tombeau du glorieux martyr, devant lequel, selon les historiens comtemporains, ils prièrent l'espace d'un jour et d'une nuit.

CHAPITRE III.

TRANSLATION DES RELIQUES DE SAINT LIÉVIN. MIRACLES ARRIVÉS A CETTE OCCASION.

> *Solemnitates sanctorum exhortationes sanctitatis sunt.*
> (SAINT AUGUSTIN, Serm. 47.)
> Le culte solennel que nous rendons aux saints porte à la sainteté.

Dès l'aurore de ce beau jour qui devait voir transporter à Gand le corps de son ancien apôtre, on célébra avec pompe une messe solennelle en l'honneur de saint Liévin, après laquelle le révérend abbé ouvrit la châsse, pour montrer au peuple les précieuses reliques du bienheureux martyr. A l'ouverture de cette châsse, une lumière éclatante se répandit par toute l'église, ainsi qu'un parfum délicieux, et on fit cette remarque, que tous les malades amenés à cette occasion, s'en retournèrent parfaitement guéris.

Alors le clergé, la noblesse et le peuple se mirent en marche, chantant des hymnes au Seigneur, emportant avec eux les reliques vénérées du grand Archevêque d'Écosse, l'an 1607, selon Gazet (1).

Mais tout à coup un prodige éclatant arrêta cette procession dans sa marche. D'après la légende de l'Église de Gand et le savant Mabillon, la châsse devint si pesante qu'elle mit les porteurs dans l'impossibilité de marcher plus loin (2). Là s'arrêta le cortége, et désireux de connaître la volonté de Dieu, pendant un jour et une nuit encore, on demeura en prière en ce lieu, où se trouvait un pommier qui fut appelé depuis l'*arbre de saint Liévin*, et remplacé de nos jours, suivant l'abbé Décorte, par une superbe croix en pierre (3).

Erembold sut bientôt qu'un oubli de sa part avait seul occasionné cette halte, car alors une voix intérieure lui dit qu'il devait laisser aux habitants de Haulthem quelques reliques du corps de saint Liévin. En outre il promit solennellement que de cet endroit à Gand, on ferait chaque année une procession avec

---

(1) *Hist. Eccles.*, p. 378.

(2) Cum ecce portitores sacri corporis, in itinere paululum progressi circa malum (quæ sancti Livini arbor dicitur) subsistere divinitus sunt coacti; ipsumque feretrum immobile permansit. (Officium Gandense, anno 1661 et 1805.) — In itinere juxta quamdam arborem malum, fixis subito gressibus subsisterunt, qui portabant sancti Livini loculum. (Ex *Codice Alnensi*, Mabillon.)

(3) Sa lettre, en juin 1849.

les corps du saint martyr et de saint Brice, et qu'en mémoire de cette translation, la fête commencerait la vigile des saints apôtres Pierre et Paul.

A la suite de cette promesse, la châsse redevint aussi légère qu'auparavant, permettant ainsi à la procession de se remettre en marche jusqu'à Thesle, près de Gand, et cela au milieu de chants d'allégresse et d'action de grâces (1). En cet endroit, le précieux tombeau fut placé sur un tertre, de manière à être aperçu de loin, ce qui procura en même temps quelque délassement à ceux qui étaient chargés des saintes reliques; dès ce jour cette éminence reçut le nom de *Montagne de saint Liévin.*

Sur ces entrefaites les trop heureux habitants de Gand, la noblesse et un clergé nombreux, accompagnés des prêtres des paroisses voisines, vinrent à la rencontre de la châsse du saint Archevêque écossais. Afin de la recevoir de la manière la plus digne, l'église de Saint-Bavon avait été richement décorée et toutes les cloches avaient été mises en branle pour honorer l'entrée de cette châsse dans la ville. Mais au moment du départ, le Ciel permit qu'elle restât de

---

(1) Data igitur ab abbate tali sponsione, sustulerunt mox in humeris sanctum Domini onus leve. (Mss. edit. à Mabillon.)

Feretrum tunc patrocinio beati martyris factum levius et efferri facile in hymnis et canticis ad cœnobium portatur. (*Brev. Gand.*, lect. 5, editio 1805.)

nouveau immobile, comme attachée à la montagne, et bientôt toute la foule sut *qu'on ne pouvait lever de terre le saint martyr de Dieu* (1); prodige admirable, qui à l'instant même vola de bouche en bouche.

Frappé d'admiration, chacun voulait s'assurer en personne de ce nouveau miracle. On gravit avec un saint empressement cette montagne, et d'après l'historien de Gand, « ébloui sur la cause, on eut grande peur, ce qui fit augmenter la vénération pour les saintes reliques. »

L'anxiété ne fut pas moins grande du côté des religieux et du clergé, qui tinrent une conférence à ce sujet; ils décidèrent de poser une garde pour contenir l'avidité du peuple et veiller à la conservation de la châsse, puis se rendirent au couvent, où ils passèrent toute la nuit en prières. Le lendemain, pendant la sainte messe, eut lieu une communion générale, et à l'issue de l'office, tous, dans les sentiments de la plus grande humilité, se rendirent processionnellement avec les corps des saints Bavon, *Landoaldus, Vinciana* et *Landrana*, au lieu où ils avaient laissé les reliques de saint Liévin.

Arrivé là, après de nouvelles prières, ordre fut donné

---

(1) Ut montem immobilem, monti adhærere mirati sunt; discurrens igitur per populos spargitur hæc mirabilis fama, cunctorum impleverat ora, hæc res memoriæ digna, sanctum Dei martyrem, non posse levari terra. (Mss. edit. a Mabillon.)

aux pasteurs de se charger de leur précieux fardeau, ce qui fut exécuté au milieu des applaudissements des spectateurs mêlés aux chants pieux du clergé : puis la procession reprit sa route pour se rendre à l'église de Saint-Bavon, où un *Te Deum* solenne l'expression bien vive de leur reconnaissance, fut entonné par l'abbé de ce monastère (1).

Comme nous l'avons dit d'abord, cette translation eut lieu l'an 1007, sous les règnes de Henri II, empereur des Romains, et Robert II, fils de Hugues-Capet, roi de France, et sous Bauduin le Barbu, qui contribua puissamment à cette imposante cérémonie (2).

La mort de l'abbé Erembold arriva à quelque temps de là, dans la vingtième année de sa prélature, onze ans après la translation du corps de saint Liévin. Ce religieux eut le bonheur de recevoir saint Macaire dans son couvent, et pendant sa vie il exécuta scrupuleusement la promesse qu'il avait faite, d'aller

---

(1) Protinus sanctus martyr elevatus est de terris, obviam sibi advenientibus sanctis. (Mss. a Mabillon edit.)

(2) Anno 1007, in cenobio Gandensi adventus corporum beatissimi Livini archiepiscopi et martyris egregii, et sancti Brictii infantis et martyris, cum multis miraculorum insignibus maxima Gandensis populi multitudine obviam sibi concurrente, diversisque laudibus jugiter psallente, et incursio prima regis Henrici in Gandavo. (*Monumenta Germaniæ* Henricus Pertz, p. 189.)

chaque année en procession exposer à Haulthem le corps du saint martyr.

Il n'en fut point ainsi du côté des religieux de Saint-Bavon ; après la mort de leur abbé, ils oublièrent l'engagement pris par lui, en sorte que pendant vingt ans ils omirent cette procession solennelle. Dès lors diverses maladies vinrent affliger les religieux du monastère, dont plusieurs souffrirent des maux de tête insupportables qui les privèrent de la vue ; d'autres éprouvèrent des déchirements d'entrailles, à ce point qu'une faiblesse extrême les retenait malades au lit, et les conduisait au tombeau (1). Mais après cette époque, c'est-à-dire l'an 1039, un autre abbé du nom de Florbert répara l'oubli de ses prédécesseurs. Frappé de ces divers fléaux et témoin des merveilles qui s'opéraient chaque jour à la châsse de saint Liévin, ce religieux se rappela le vœu d'Erembold ; à la tête de ses moines il se fit donc un devoir de rétablir la procession de Gand à Haulthem, pour la gloire de Dieu et de son serviteur Liévin, ce Thaumaturge de la Flandre.

A compter de ce jour, cette procession se renouvela chaque année, et les maladies si extraordinaires

---

(1) E tractatu de processione, cum sacro corpore beati Livini versus Haulthem (Oliverii de Langhe, anno 1840.) — Mss. Mabillon edit.: Multiplici plectuntur percussione, et puniuntur ; alius enim sui capitis, alius oculorum cæcitate, etc.

des religieux cessèrent dans l'abbaye de Saint-Bavon. N'oublions pas cette vérité morale, que toujours il faut tenir ce qu'on a volontairement promis à Dieu, sous peine de s'attirer de sa part des châtiments dans ce monde ou dans l'autre.

CHAPITRE IV.

NOUVELLE TRANSLATION DU CORPS DE SAINT LIÉVIN.

> *Laudate Dominum in sanctis ejus.*
> (Ps. 150.)
> Louez le Seigneur dans ses saints.

Vers le milieu du douzième siècle, l'an 1130, les moines de Saint-Bavon, sous l'abbé Wolveric, reçurent une charte de Thierry d'Alsace, comte de Flandre, par laquelle ce prince leur accordait plusieurs serfs et priviléges en l'honneur de saint Liévin (1).

Un siècle auparavant, c'est-à-dire l'an 1083, Rad-

---

(1) Diericks, *Mémoires sur la ville de Gand*, t. 1, p. 249 : Theodoricus notum esse volo quod coram baronibus ac hominibus meis, præsente Wulverico, abbate Sancti Bavonis et fratribus ejusdem ecclesiæ sancto Livino glorioso martyri contradidi mancipia quorum nomina infra exprimuntur, etc.

bold, Evêque de Noyon et de Tournay, sous le règne de Wichman, abbé de Saint-Bavon, procéda, d'après Henri Pertz (1), à une exposition ou première translation des reliques du saint martyr qui, selon Feller, ne fut rien moins qu'une solennité particulière ; mais la vérité est, au rapport de plusieurs historiens, parmi lesquels nous citerons encore le savant Pertz (2), qu'il n'y eut de véritable translation à Gand, et très-solennelle tout à la fois, que sous l'abbé Betto et Philippe d'Alsace comte de Flandre, vers l'an 1171. Ce fut Gauthier, Evêque de Tournay, qui procéda à cette deuxième translation, pendant laquelle, comme l'a remarqué Feller, les reliques de saint Liévin furent placées dans une nouvelle châsse richement ornée, en présence de l'archidiacre Robert, prévôt de Lille et d'Harlebecq, de toute la noblesse du pays et du peuple, dont plusieurs obtinrent des grâces signalées,

(1) Anno 1083, translatio prima sancti Livini archiepiscopi et martyris egregii facta est per Radbodum Episcopum prædictum et Wichmannum Gandensis cenobii abbatum. (*Monum. Germ.*, p. 190.)

(2) Anno 1171, translatio secunda sancti Livini Archiepiscopi et martyris eximii facta est in cenobio Gandensi per dominum Galterum, Tornacensem Episcopum, tempore Bettonis abbatis, qui ibidem tunc præsens existens caput et corpus integrum beatissimi martyris per manus præfati Episcopi populo ostensum cum devotione magna videre promeruit. (*Monumenta Germaniæ*, p. 190.)

d'après l'historien de Gand, « par la présence des corps glorieux de saint Liévin et de saint Brice. » En ce jour, Gauthier officia pontificalement au milieu d'un clergé nombreux, et sa cathédrale magnifique, toute vaste qu'elle fût, ne put contenir les milliers d'étrangers venus à cette imposante cérémonie; aussi l'Évêque fit-il fermer les portes de cette basilique, en y plaçant une garde nombreuse pour maintenir la foule et empêcher le tumulte.

Le saint sacrifice de la messe terminé, une procession imposante fut organisée depuis l'église jusqu'à l'endroit où la translation devait s'effectuer. Le ciel alors se couvrit de nuages épais avant-coureurs certains d'une pluie abondante; une atmosphère lourde, un ciel obscur firent craindre pour un instant l'ajournement de cette solennité, que chacun désirait voir célébrer, à cause du déplacement et des frais énormes qu'elle leur avait occasionnés ; tous espéraient aussi obtenir quelques nouvelles faveurs du bienheureux martyr. Dans cette occurrence fâcheuse, le clergé, le peuple, mais pardessus tout les religieux de Saint-Bavon eurent recours à Dieu, à qui ils adressèrent de ferventes prières, qu'ils eurent à l'instant même le bonheur de voir exaucer.

En effet, au moment de sortir de la cathédrale avec les précieuses reliques de saint Liévin, le soleil parut aussitôt, et de ses rayons perçants dissipa les nuages. Le ciel devenu serein ramena dans les cœurs une joie indicible, qui éclata de tous côtés, par des chants d'actions de grâces (1).

Arrivé au lieu préparé pour recevoir la châsse, l'Évêque de Tournay l'ouvrit avec le plus grand respect, en présence de toute l'assemblée. Il trouva intactes les saintes reliques, ainsi que les anciens écrits scellés dont elles étaient accompagnées. Cet illustre Prélat montra le tout au peuple, manifestant son enthousiasme de manière à ne lui laisser aucun doute sur l'authenticité des restes vénérés de son glorieux patron. Il lui fit voir séparément les traces des blessures de ce courageux athlète de Jésus-Christ, indiquant l'instrument avec lequel ses assassins lui avaient tranché la tête. Après cette émouvante exposition, dont les spectateurs furent vivement impressionnés, le pieux Évêque présenta de nouveau les reliques du saint martyr, qu'il fit baiser, aux prêtres et aux laïques de tout rang et de toutes conditions. La cérémonie terminée, il déposa avec un saint respect ces reliques dans une nouvelle châsse très-précieuse (2), l'ayant marquée du sceau de ses armes

---

(1) Cœli tristis facies pluviæ et tristitiæ signa dabat unde cleri et populi et maxime monachorum pectora sollicitabant... Cœlum mira claritate resplenduit omnemque timorem et tristitiam propulsavit.

(2) D'après Feller, cette châsse fut pillée et anéantie par les hérétiques dans le seizième siècle.

en présence des abbé et religieux de Saint-Bavon, de tout le clergé et des plus hauts dignitaires du pays. C'est ainsi que ces hommages rendus aux reliques des saints et ces croyances populaires furent gravées dans le cœur des multitudes avant d'être entaillées, dirons-nous avec l'abbé Darras (1), sur les murs des temples, ou de se traduire en symboles vivants sous le ciseau des sculpteurs.

Mais pendant qu'on scellait la châsse de saint Liévin, voici qu'à la vue de tout le monde on apporta le cadavre inanimé d'un enfant, avec l'attestation de trois témoins, qui affirmèrent l'avoir vu retirer des eaux de la Lys ; là, sur une simple invocation adressée au saint Archevêque martyr, il fut immédiatement rappelé à la vie (2). Après ce miracle

---

(1) L'abbé Darras, *Histoire de la sainte Vierge*.

(2) Dum hæc gloriose et gratiose aguntur, ecce puer unus, cum idoneis testibus in populo præsentatur quem asserebant in aquis Legiæ (la Lys) certissime suffocatum et ad invocationem beatissimi Livini, saluti celeberrime donatum. (*Gandense officium*, editum anno 1572.)

Les habitants d'Estaires et de Merville, pays sillonné aussi par les eaux de la Lys, ont cette confiance en saint Liévin, qu'avec un rameau bénit dans sa chapelle à *Merck*, ils seront préservés de tout accident de ce genre. Aussi en avons-nous bénit à bien des pèlerins de ces contrées, qui viennent chaque année implorer la protection du saint martyr à *Merck-Saint-Liévin*. Nous devons cette note au droit sens et à la

nouveau, la procession regagna avec ordre le monastère de Saint-Bavon, dans l'église duquel on déposa solennellement les reliques de saint Liévin.

Enfin, avant de retourner en sa ville épiscopale, Gauthier ordonna de faire chaque année la commémoration de cette fête, précisément le 27 juin, jour anniversaire de son avénement au siége de Cambrai.

foi vive de ces habitants, dont nous avons toujours admiré l'esprit profondément chrétien.

CHAPITRE V.

PROCESSION ÉTABLIE AU TOMBEAU DE SAINT LIÉVIN.

In memoria æterna erit justus.
(Ps. 23, v. 6.)
La mémoire du juste est glorieuse, impérissable.

Depuis cette époque mémorable, la ville de Gand honora d'une manière plus particulière la mémoire de saint Liévin, qu'elle prit pour patron, s'engageant dès ce jour à faire observer scrupuleusement l'ordre de l'Évêque de Tournay, touchant la procession annuelle du glorieux martyr.

Corneille Van Gestel (1), rapporte que de son temps, tous ceux qui assistaient à cette fête commémorative de la mort du serviteur de Dieu, venaient avec joie visiter sa cellule et sa fontaine, monuments si précieux aux yeux de la foi, par tant de souvenirs,

(1) Van Gestel, t. 2.

et si célèbres par les miracles qui s'y opèrent tous les jours (1).

Pendant l'octave de saint Liévin, le chapitre de Saint-Bavon enregistrait souvent des miracles obtenus (2) par l'intercession puissante de ce grand protecteur de la Flandre. Aussi le peuple de ces contrées avait-il en lui pleine confiance, et regardait-il comme chose sacrée la visite qu'il rendait chaque année à son insigne tombeau.

Olivier Delanghe, prieur de l'abbaye de Saint-Bavon, l'an 1442, écrivait dans son livre, composé de dix chapitres, sur la procession solennelle de saint Liévin, qu'avant ou après cette marche triomphale, il s'opérait toujours des miracles près de la châsse du saint Archevêque.

Dès l'année 1310, le Souverain-Pontife Jean XXII, au milieu d'une réunion de dix-huit Évêques, accorda à perpétuité des indulgences considérables à ceux et à celles qui suivraient la procession de Gand à Haulthem et de Haulthem à Gand. Guillaume, Evêque de Tournay, y ajouta quarante autres jours d'indul-

---

(1) Multum delectabatur in graciosis miraculorum insignibus et de loco ejus sepulcri. (Mss. a Mabillon edit.)

(2) Domini capituli Bavoniani bene informati de aliquot miraculis quæ, his diebus, in hac ecclesia contigerunt meritis et intercessione sancti Livinis martyris. (*Registrum acti. capituli Sancti Bavonis*, 26 junii 1567.)

gences pour le même motif. Jean, abbé de Gand, obtint plus tard, vers l'an 1345, une année et quarante jours d'indulgences que le Pape Clément VI accorda à perpétuité, aux confrères et aux consœurs de Saint-Liévin, ainsi qu'à tous ceux qui assisteraient à la procession solennelle d'Haulthem, indulgences qu'on fit graver sur le tombeau du saint martyr (1).

Mais comme il est arrivé souvent d'abuser parfois des choses mêmes les plus saintes, les Gantois, de temps à autre, profitaient de cette solennité pour obtenir de leur souverain des priviléges qu'il leur avait toujours refusés jusque-là. Ainsi, l'an 1464, Charles, duc de Bourgogne, faisait son entrée dans sa bonne ville de Gand ; les plus notables de la cité, bannières en tête, allèrent au-devant de lui jusqu'à Bruxelles. Le lendemain de son arrivée, le peuple et les divers corps de métiers se rendirent sur la Grand'-Place, y portant, d'après Comines, « un sainct qu'ils nommèrent sainct Liévin ; ils heurtèrent de la châsse dudict sainct contre une petite maison, appelée la maison de la Cueillette, où l'on levoit aucunes gabelles sur le bled pour payer aucunes debtes de

---

(1) Ghesquières, t. 2, p. 575. — Henricus Pertz : Anno prefatus domnus Joannes Gandensis indulgentias salutares in festivitatibus sanctorum Bavonis, Livini, Macharii, et Landealdi in cenobio Gandensi acquirendas a Papa Clemente gratiose impetravit. (*Monumenta Germaniæ*, p. 191.)

la ville : ils dirent que ledict sainct voulait passer par la maison sans se tordre, et en un moment l'abattirent, forts de la présence des relicques de leur sainct patron.. » — « Le duc estant illec, il leur commenda inutilement qu'ils levassent cette châsse et qu'ils la rapportassent en l'église.. » (Liv. 2, chap. 4, p. 122.)

Dans son *Histoire des ducs de Bourgogne*, M. de Barante raconte ce fait si remarquable, et qui nous donne la mesure de la foi et de la religion du peuple de Gand, comme aussi de la puissance qu'il exerçait sous le patronage de saint Liévin. Toutefois cet historien lui assigne une autre date, ainsi que nous pouvons le voir dans l'extrait suivant de ses œuvres (1).

(1) De Barante, t. 6, p. 5.

CHAPITRE VI.

DÉSORDRES OCCASIONNÉS PAR LA PROCESSION DE LA CHASSE DE SAINT LIÉVIN. — SA SUPPRESSION.

> *Laudis ejus plena est terra; splendor ejus ut lux erit.*
> (HABAC., c. 3, v. 3 et 4.)
> La terre est pleine de ses louanges;
> sa splendeur brille comme le soleil.

Selon l'usage des temps passés, le comte de Flandre commençait toujours sa prise de possession, en se faisant reconnaître par les Gantois. Charles, duc de Bourgogne, après la mort de Philippe, son père, résolut donc d'aller faire son entrée dans la bonne ville de Gand, et ce fut précisément le jour d'une grande solennité, la fête de saint Liévin, le 28 juin au matin, qu'il choisit, jour qui donnait aux esprits remuants et mécontents une occasion bien favorable pour les projets de réforme que les Gantois avaient en tête. Parmi toutes les reliques des saints qui reposaient dans les églises de Gand, il n'y en avait aucune plus glorieuse et plus chère au peuple que le corps de saint Liévin. Depuis les anciens temps, jamais on n'avait manqué à faire tous les ans, au jour marqué, la grande procession de saint Liévin.

On allait prendre la châsse à Saint-Bavon, puis on la portait au village de Haulthem, à trois lieues de Gand, où le saint avait jadis reçu la couronne du martyre. Le lendemain, lorsque la châsse avait passé la nuit dans l'église du lieu, elle était rapportée avec encore plus de cérémonie à Saint-Bavon.

Autrefois, dit-on, les meilleurs bourgeois et les premiers de la ville s'étaient fait honneur de porter ou d'accompagner le glorieux corps de saint Liévin, mais peu à peu la fête était devenue plus sainte pour le commun peuple que pour les riches habitants. C'étaient les gens de petits métiers qui suivaient en foule la procession ; ils y portaient leurs bannières, y venaient en armes, remplissaient les tavernes, buvant, chantant, dansant et passant joyeusement la soirée et la nuit à Haulthem, où il y avait une grande foire en l'honneur de saint Liévin. D'ordinaire, ces deux jours ne se passaient pas sans quelque tumulte et sans qu'il y eût du sang répandu : aussi depuis la paix de Gavre était-il défendu de paraître en armes à la procession de saint Liévin et de s'y couvrir d'un haubergeon de fer.

Le jour de l'entrée du duc, la célébration de la

fête de saint Liévin fut plus encore qu'à la coutume livrée aux gens de petits états ; car les riches étaient occupés à bien recevoir leur seigneur. On y voyait les confréries des maçons, des charpentiers, des forgerons, des cordonniers, des tisserands, des foulons, des brasseurs ; les apprentis et les jeunes gens s'y étaient portés en foule. Toute cette multitude, que rien ne mettait dans le bon ordre, se répandit dans les cabarets de Haulthem, et s'anima peu à peu par le vin ou la bière, mais encore plus par les secrètes pratiques de ceux qui la faisaient mouvoir. Les discours les plus hautains et les plus insensés étaient proférés de toute part. Aussi la nuit se passa-t-elle à boire, à manger, à crier dans les tavernes de Haulthem. On en prenait peu de souci dans la ville, tant on avait coutume de voir le menu peuple en désordre ce jour-là ; si bien que l'on appelait communément ce cortége les fous de Saint-Liévin.

Pendant ce temps-là le duc, la noblesse et ses conseillers dormaient tranquillement et en toute sécurité. De grand matin la procession rentra dans la ville, et comme elle traversait le marché au blé, les gens qui portaient la châsse s'en vinrent tout droit devant le bureau qu'on avait bâti au milieu pour percevoir la cueillote. « Saint Liévin ne se détourne jamais, » crièrent aussitôt les ouvriers. A peine ces paroles étaient-elles dites, qu'ils se jetèrent comme des furieux sur cette baraque ; en un instant elle fut démolie, chacun en voulait avoir un morceau ; puis on courait par les rues, portant les débris en triomphe et criant : « Aux armes ! aux armes ! » Bientôt on vit flotter les bannières de chaque métier, qui, en secret, avaient été préparées. Tout le peuple de Gand se trouva armé et en tumulte sur le marché, autour de la châsse de saint Liévin.

La vie du duc fut exposée, se trouvant aussitôt avec ses nobles au milieu de cette foule qui ne voulait ni rapporter la châsse de saint Liévin, ni quitter le marché avant qu'il n'eût acquiescé à toutes leurs demandes. Après trois jours ainsi passés dans l'agitation et le trouble, pour appaiser la sédition, le duc de Bourgogne revêtit de son consentement et de sa signature les demandes qui lui avaient été si outrageusement présentées sur la place du marché.

Ce fut à ce prix seulement que le peuple quitta les armes et rapporta la châsse de saint Liévin. Le 1er juillet, le duc, plein de honte et de colère, sortit de cette ville, où son avènement venait d'être signalé par de si cruels affronts. L'année suivante, 1468, pour punir la rébellion des Gantois, Charles supprima pour un temps cette procession si grandiose et tout l'orgueil de la ville de Gand (1).

Néanmoins nous savons, d'après Diericks, que cette procession si imposante n'a cessé définitive-

---

(1) Meyer, *Annal. Flandr.*, liber 17.

ment qu'en 1540, lorsque Charles-Quint supprima les deux confréries érigées en l'honneur de saint Liévin, alors qu'une partie de ses précieuses reliques reposait encore dans l'église de Haulthem.

CHAPITRE VII.

DESTRUCTION DE LA CHASSE DE SAINT LIÉVIN PAR LES HÉRÉTIQUES. — PROGRÈS DU CULTE RENDU A SA MÉMOIRE.

> *Cogitaverunt consilia quæ non potuerunt stabilire.*
> (Ps. 20, v. 11.)
> Les impies ont formé des projets qu'ils n'ont pu exécuter.

Une magnifique châsse d'argent massif enrichie d'or et de pierres précieuses, renfermait depuis cinq siècles les dépouilles vénérées de saint Liévin. L'an 1566 elles furent transportées dans la citadelle de Gand, très-fortifiée alors et bâtie par Charles-Quint, afin de les préserver de la fureur des *Gueux* de Flandre ; et l'année suivante, on la replaça solennellement dans l'église collégiale de Saint-Bavon (1).

L'an 1578 était arrivé : époque fatale et à jamais désastreuse pour notre sainte religion ! Persécutée par

---

(1) Baillet, t. 7, p. 631.

les sectateurs de Calvin, elle eut à gémir, dans ces contrées si catholiques, de la violence et des cruautés de ces hérétiques effrénés. Dans leur fureur aveugle, ils arrivèrent à Gand, vers le mois de février, où ils se mirent à piller les églises, profaner les reliques des saints, que dis-je, à les détruire; et dans ce cataclisme impie disparurent à jamais les restes sacrés de saint Liévin et de saint Bavon, ainsi que les châsses si riches dans lesquelles ils se trouvaient renfermés (1).

Cette perte fut vivement sentie par les fidèles Gantois, pleurant comme une calamité publique l'enlèvement sacrilége des reliques de leur puissant patron.

Nous nous demandons maintenant quels lieux trop heureux possèdent ces ossements saints, objet de la vénération de tant de siècles? Rayssius (2) et Mabillon (3) prétendent qu'ils ont été miraculeusement sauvés, nous donnant pour preuve de cette assertion que de leur temps, parmi les précieuses reliques que l'on conservait à la cathédrale de Saint-Bavon, on voyait encore celles de saint Liévin. Quelque grave que soit le dire de ces auteurs si respectables, il est prouvé cependant que d'après un acte des chanoines de Gand, à leur retour de l'exil, vers la fin de la

---

(1) Ghesquières, t. 2, p. 582.
(2) Rayssius, in *Opere*, anno 1628 edit., p. 87.
(3) Mabillon, sæcul. 6 Bened., t. 1, p. 64.

guerre des calvinistes, ils firent, le 20 mars, d'infructueuses recherches concernant ce sacré trésor, n'ayant trouvé absolument rien des corps de saint Liévin et de saint Bavon (1).

Cependant le Seigneur, dans sa bonté prévoyante, n'a pas voulu priver totalement son Église des restes si précieux de son grand serviteur Liévin (2).

Nous savons, en effet, que bien avant la guerre impie des disciples de Calvin, plusieurs églises, indépendamment de celle de Saint-Bavon de Gand, avaient été dotées de ces saintes reliques. Ainsi nous lisons dans Sanderus que l'église de Sainte-Blandine, à Gand, possédait, dès l'an 1462, quelques reliques de saint Liévin (3), et que l'église des Jésuites, aussi bâtie à Gand, sous le vocable du glorieux Archevêque d'Écosse, conservait précieusement une dent molaire, ainsi qu'une autre fraction du corps de cet illustre martyr (4).

Ce serait donc de ces églises que les chanoines de Saint-Bavon obtinrent plus tard de nouvelles reliques de leur saint patron, qui avait procuré tant de

---

(1) Die martii 20, patet exactis omnia in vanum et ex reliquiis sanctorum Livini et Bavonis nil recuperaverunt.

(2) Custodit Dominus ossa eorum. (Ps. 5, v. 33.)

(3) Sanderus : In Blandinensi apud Gandevum ecclesia ab anno 1462, extitisse quasdam sancti Livini reliquias.

(4) Sanderus : Unam dentem molarem cum alia parte.

gloire à leur antique monastère. Plus heureux quant à ce livre précieux écrit en partie de la propre main du saint Prélat, ils le conservèrent intact, et dans leur juste vénération, ne s'en servant qu'un jour par semaine, ils l'exposaient le lundi, dans la chapelle du saint, où le peuple, avec la plus grande dévotion, venait l'embrasser, placé qu'il était sur un autel magnifiquement décoré.

Aujourd'hui on conserve religieusement dans la sacristie de Saint-Bavon à Gand, cet *évangélistère* de saint Liévin, avec deux notices, concernant l'histoire de cette ville y annexées dans le onzième ou douzième siècle ; ce parchemin, d'après un historien moderne, est encore exposé chaque année, pendant l'octave de la fête de l'apôtre de la Flandre, dans la cathédrale, à la vénération des fidèles (1).

A travers les guerres si désastreuses du seizième siècle, on eut en outre le bonheur de conserver à Haulthem le tombeau de saint Liévin. Là se trouvaient quelques fragments de ses saintes reliques, ainsi qu'au village d'Esche, où notre bienheureux avait reçu si courageusement la palme du martyre.

La ville de Ziéric-Zée, en Zélande, placée sous le patronage de ce saint, possédait alors aussi une par-

---

(1) Diericks, *Mémoires sur la ville de Gand.*— Dewez, *Hist. Belg.*—*Chronique de Saint-Bavon,* par Thielrode, in-8°; Gand, 1855.

celle de son bras qu'elle obtint du monastère de Saint-Bavon, par acte du 15 juin 1463 (1).

Merck-Saint-Liévin, faisant anciennement partie du Boulonnais, aujourd'hui diocèse d'Arras, sut encore conserver avec le plus grand soin une relique du même saint, cette paroisse l'ayant reçue l'an 1300, des mains du noble comte Guffroy, seigneur de Warnec, hameau de Merck (2). Enfin M. J. Rouyer nous apprend que parmi les reliques sacrées que l'on conservait à la collégiale de Saint-Pierre d'Aire, en Artois, on remarquait autrefois un morceau du suaire de saint Liévin (3).

---

(1) Diericks, *Mém. sur Gand* : Cet acte est déposé aux archives de la ville.

(2) L'abbé Parenty, vicaire général d'Arras. — Terninck, membre de plusieurs sociétés savantes. — Archives de l'église de Saint-Liévin.—Archives générales du Pas-de-Calais. — Ma notice sur ce village, 1842.

(3) M. J. Rouyer, antiquaire de la Morinie. — *Reliques de Saint-Pierre d'Aire*, ouvrage imprimé à Saint-Omer, l'an 1740.

CHAPITRE VIII.

TOMBEAU DE SAINT LIÉVIN. — DESCRIPTION DE CE MONUMENT.

> *Sepulcrum ejus erit gloriosum.*
> Son tombeau sera glorieux.

De tous les monuments érigés aujourd'hui à la mémoire de saint Liévin, le plus ancien, comme le plus précieux, est, sans contredit, la belle église de Haulthem On y remarque dans le chœur à gauche, le tombeau du glorieux martyr ; il a deux mètres quarante centimètres de longueur, sur un mètre trente-cinq centimètres de largeur, et un mètre vingt-sept centimètres de haut. Elevé au-dessus du sol, ce cénotaphe est dominé lui-même par celui qu'on dit avoir été fait de la main des esprits célestes, comme celui de saint Clément, Pape et martyr (1), dans lequel ils placèrent le corps du Pontife écossais, avec cette lé-

---

(1) *Breviarium Romanum*, 23 nov.: Angelicis manibus præparatum.

gende : « *Ici, par le service des anges, le corps de saint Liévin a été enseveli.* »

Sur cette tombe se trouve horizontalement placée la statue du saint revêtu d'habits pontificaux, tenant d'une main la crosse archiépiscopale, et de l'autre une pince, ou des tenailles de forgeron, instrument de son martyre. Ses pieds reposent sur un chien couché, soutenant un écusson. Cette statue, de grandeur naturelle, a, la mitre et le blason compris, deux mètres dix centimètres de long, taillée en relief sur quinze centimètres de saillie. La pierre bleuâtre sur laquelle gît la figure du saint Archevêque ne fait avec elle qu'un seul et même bloc. On y lit l'épitaphe suivante, écrite en vers latins et en caractères gothiques, dont voici la traduction (1) :

O notre père Liévin,
Toi qui habites avec nous (2)
Les célestes parvis, délivré de ton corps de bouc,
L'âme vierge de toute souillure; ta poussière
Repose dans ce tombeau du sanctuaire. Le ciel lui-même
A préparé cet asile à ta cendre,
Et les anges
Y ont apporté de leurs propres mains

(1) Voir le texte latin aux pièces justificatives n° 10.
(2) Avec les anges qui ont fait cette incription, au moins pour les six premiers vers, les autres ayant été ajoutés après l'an 1000, sous Jacques, abbé de Saint-Bavon.

Ta dépouille mortelle ; c'était vers l'an 660.
Cependant en l'année 1000 de Notre-Seigneur,
Une guerre funeste a ruiné le monument,
Comme l'atteste le signe mystérieux ci-joint : JEhJ.
Mais la grande piété d'un mortel partout vénéré,
D'un Prélat distingué, appelé Jacques, alors abbé de St-Bavon,
A Gand, rendit à ce tombeau
Sa première splendeur.
Et moi, de mon côté,
J'y ai inscrit ces caractères 7C/2
Gage certain de mon profond amour,
Et des prières que j'adresse
Au Très-Haut.

Cette antique inscription, qui porte le cachet de son siècle, se lit sur trois faces de la pierre supérieure : une quatrième a reçu ces autres vers flamands, et peints à l'huile, plus durs que le marbre sur lequel ils sont inscrits, d'après la remarque de l'abbé Décorte :

« *Den Paus Clemens III hieft gegeven*
Tot S. Lievens grave,
Aen die dat heylig dom zal ecren,
Afflaet van Veertig dage. »

Cette légende fait mention d'une indulgence très-ancienne attribuée à tort au Pape Clément III, qui régnait vers la fin du douzième siècle, car Thielrode

Tombeau de St Liévin.

rapporte qu'on aura probablement lu ou écrit III au lieu de VI. Cet auteur dit en effet, dans sa *Chronique de Saint-Bavon*, que cette indulgence fut accordée par Clément VI en 1345, c'est-à-dire plus d'un siècle après (1). Des panneaux au nombre de neuf, cachant des fresques très-anciennes, et séparés par de petites colonnes, retracent en peinture divers épisodes de la vie de notre saint; ils ne datent que de 1773 à 1776, époque à laquelle remonte la reconstruction de l'église. Sur la face postérieure existe une porte en fer, tenant lieu de panneau ; elle donne accès à la crypte de saint Liévin, dont la profondeur est de trois mètres, sur deux de long, et quatre-vingts centimètres de largeur. Les angles sont ornés de quatre colonnes rondes ; six autres ont la forme octogone et sont maladroitement cachées par des panneaux de fort mauvais goût, recouverts d'un grossier badigeonnage. Les armoiries sur lesquelles reposent les pieds de la statue de saint Liévin sont celles de l'abbé de Saint-Bavon désigné dans l'épitaphe dont nous venons de parler.

Depuis son origine, ce tombeau a subi plusieurs changements bien déplorables. Primitivement, ce mausolée était à jour, et plus tard fut rempli à l'aide d'une maçonnerie en briques. Nous ignorons si les

---

(1) Indulgentiæ Livini a Clemente Papa sexto, anno 1345. (Thielrode, p. 200, édit. in-8°; Gand, 1855.)

fresques qui se trouvent cachées par cette maçonnerie ont quelque valeur artistique, toujours est-il qu'elles sont ensevelies sous de lourds panneaux dérobant ainsi à la vue les jolies colonnes qui en faisaient le plus bel ornement.

Un vandalisme d'un nouveau genre a été commis, il y a vingt-cinq ans, sur ce tombeau du saint martyr ; entièrement recouverte d'une couche de couleur très-épaisse sous la brosse impitoyable d'un barbouilleur, la statue de saint Liévin fut métamorphosée en marbre blanc. Quant à l'ensemble du monument, il est de marbre vert, excepté toutefois les colonnes, faites en marbre qu'on est convenu d'appeler *marbre Napoléon*. Les murs de la crypte sont en fortes briques, telles qu'on en voit dans les constructions du septième siècle ; le fond est formé d'une couche de chaux d'une très-grande blancheur, ayant dix centimètres d'épaisseur. A son origine, ce caveau devait être plus vaste ; en effet, au bas de l'un des murs on remarque un arceau formant peut-être la partie supérieure de l'ancienne entrée de la première crypte.

Que ne fait-on une restauration complète, intelligente, de ce tombeau si vénérable à tant de titres ! Je voudrais, m'écrivait l'abbé Décorte, que le gouvernement s'intéressât à l'un des monuments les plus respectables, comme le plus ancien du pays ; à diverses reprises déjà les autorités locales se sont adressées à la commission royale des monuments, mais que peut un pauvre village? Cependant le tombeau de l'apôtre de la Flandre devrait bien les intéresser! C'est cette pieuse pensée qui fit que, par respect pour les reliques vénérées de saint Liévin, on cessa toute inhumation dans l'église de Haulthem, contrairement à l'usage établi depuis un temps immémorial.

De nos jours, on voit à Esche, sous le vocable de ce grand saint, une très-belle église paroissiale bâtie précisément à l'endroit où ce glorieux martyr fut décapité (1).

A Gand, dans la magnifique cathédrale de Saint-Bavon, lui est encore dédiée la seizième chapelle, où on le voit représenté sur un superbe tableau d'après Séghers, lorsqu'il tombe sous le fer meurtrier de ses assassins.

Enfin, le 16 mars 1606, Pierre Damantius, Évêque de Gand, posa la première pierre de l'église du collége de la Société de Jésus, que bâtirent en l'honneur de saint Liévin le magistrat et les personnes pieuses de cette ville. Terminée seulement dans le courant de 1619, la consécration en fut faite par Monseigneur Boone, un dimanche, 16 novembre de la même année. Ce fut encore la noblesse de Gand qui procura au couvent des sœurs Noires, à Ipres, une précieuse relique de saint Liévin, due également à la munificence des

(1) Et nous savons que saint Liévin a été couronné du martyre à Ese, en Brabant. (*Atlas* de Jean Blaeu, p. 6, 1643.)

chanoines de Saint-Martin. De leur cathédrale, ils la portèrent dans la chapelle de ces religieuses, ayant parcouru la ville à la suite d'une procession solennelle, le 13 novembre 1687.

Jean, Évêque d'Ipres, érigea depuis, c'est-à-dire le 30 octobre 1726, une confrérie dans ce couvent, en l'honneur du saint martyr, en vertu d'un bref du Pape Benoît XIII, qui attacha à cette association un grand nombre d'indulgences.

Nous avons tiré une copie de ce bref, ainsi que des statuts de cette confrérie, lorsque nous eûmes le plaisir de visiter cette maison, de l'ordre de Saint-Augustin, le 27 août 1845, où alors nous recueillîmes aussi quelques précieux documents sur l'illustre patron de Gand (1).

---

(1) Voir le bref de Benoît XIII, et le mandement de l'Évêque d'Ipres, touchant les indulgences de la confrérie de Saint-Liévin, aux pièces justificatives n° 11.

CHAPITRE IX.

MIRACLES OPÉRÉS PAR L'INTERCESSION DE SAINT LIÉVIN. — CHAPELLES ET CONFRÉRIES ÉRIGÉES EN SON HONNEUR.

> *Potentia nemo vicit illum, nec superavit illum verbum aliquot; et mortuum prophetavit corpus ejus.*
> (ECCL., c. 48, v. 13.)
>
> Nul n'a été plus puissant que lui; aucune parole ne l'a vaincu; et son corps, après sa mort même, prophétisa encore.

Ainsi que nous venons de le dire, lors de notre pérégrination à Ipres, dans l'intérêt de notre histoire, nous avons surtout extrait d'un petit ouvrage écrit en flamand, quelques notes sur les merveilles sans nombre opérées par saint Liévin, dans la Flandre et le Brabant, et dont nous nous contenterons de donner ici la traduction fidèle.

Or, d'après ce livre, « le saint Archevêque Liévin fit une infinité de miracles à diverses époques, notamment à Haulthem et à Esche, où il est principalement invoqué et en très-grande vénération. Nous n'en avons que peu à citer, nos ancêtres ayant négligé de nous les transmettre, ou peut-être aussi n'ont-ils pu le faire, dans ces temps si malheureux pendant lesquels la religion était si persécutée. Néanmoins un religieux de Saint-Bavon, Olivier de Langhe, nous donnera une juste appréciation des prodiges que Dieu fit éclater assez souvent, par l'intercession puissante de son serviteur. En effet, dit ce religieux, qui pourra de bouche ou par écrit faire connaître le nombre de ceux qui, étant dans l'anxiété, atteints de maladie, d'infirmités, ou dans toute autre pénible position, ont eu recours à saint Liévin, en faisant ou en promettant de faire un pèlerinage en son honneur, sans avoir reçu l'accomplissement de leurs vœux ?

« Un docteur rapporte que quand des événements extraordinaires arrivent et ne paraissent plus, il est nécessaire d'en tenir bonne mémoire par écrit, afin d'en faire part à la postérité, mais les choses qui fleurissent et refleurissent chaque jour avec gloire et louange, laissent de profondes traces dans le cœur des fidèles, et n'ont pas besoin d'être écrites. C'est pourquoi ce glorieux martyr est sans cesse et unanimement reconnu comme étant toujours disposé à secourir tous ceux qui l'invoquent, et les personnes qui ont été soulagées par lui sont innombrables.

« Ainsi l'an 1600, le 17 novembre, pendant l'octave de la fête de saint Liévin, un jeune homme de

Gand âgé de vingt ans, nommé Hausde Saghère, cordier de profession, demeurant près du port de Roodetorre-Braygse, fut au su de tout le monde guéri miraculeusement de la paralysie la plus complète qui le tenait perclus de tous ses membres. Ce prodige a été rapporté et examiné en plein chapitre par Martin Loost, grand pénitencier de l'évêché. A la suite de cet examen l'Évêque ordonna des prières publiques en action de grâces.

« Les religieux de Saint-Bavon nous certifient en outre qu'un enfant retiré des eaux, et asphyxié, fut rappelé à la vie par l'invocation de saint Liévin, et que pour remercier Dieu de ce miracle et afin d'en donner connaissance aux habitants, les cloches de la ville furent sonnées tous les jours pendant six semaines consécutives par ordre de l'autorité diocésaine; aussi voyait-on autrefois représentée, sur l'ancienne châsse du saint à Haulthem, la fontaine dans laquelle l'enfant avait été noyé.

« Une foule de personnes atteintes de graves infirmités ayant imploré la miséricorde divine, par l'intercession de saint Liévin, obtinrent une parfaite guérison, contre toutes les maladies, ou au moins un prolongement de la vie ; des femmes enceintes en danger de mort furent délivrées heureusement (1), et

---

(1) Extrait de la bulle de Benoît XIII, 12 novembre 1726, pour l'érection de la confrérie de Saint-Liévin, à Ipres.

des personnes sur mer exposées aux plus grands dangers, avouèrent n'avoir échappé à un péril très-imminent, qu'après avoir invoqué la protection du saint Archevêque d'Ecosse.

Ces pieuses traditions, dirons-nous avec un antiquaire de la Morinie, aident souvent et mettent sur la voie des récits légendaires. — Au reste, nous savons bien, avec Ozanam, que l'Église n'exige point notre assentiment à des récits miraculeux qui ne sont pas consignés dans les divines écritures et dont plusieurs peut-être ne soutiendraient pas l'épreuve d'une rigoureuse critique : mais s'ils ne subjuguent pas notre esprit, ils le charment et le captivent, étant pleins de poésie et d'agrément.

Ceci admis, nous ajouterons donc que c'est à la suite sans doute de ces récits pieux touchant notre saint Archevêque martyr, et à raison de la grande vénération des peuples de la Belgique et de la Flandre pour leur glorieux patron, que le culte de saint Liévin prit chaque jour une extension telle que partout on érigea des chapelles et des confréries en son honneur. Les diocèses de Cambrai, d'Arras, de Boulogne, de Saint-Omer et d'Amiens s'empressèrent ainsi d'élever des oratoires et de former des associations pieuses pour perpétuer la mémoire d'un aussi grand Pontife, et mériter par là sa protection puissante auprès de Dieu.

Aussi voyons-nous, d'après M. Terninck (1), qu'en 1495 Jean Penel, chanoine d'Arras, fit élever à l'entrée du cimetière général de cette ville la chapelle de Saint-Liévin, dans laquelle fut établie une confrérie en l'honneur de ce saint, que l'on invoquait pour la fièvre. Cette confrérie existe encore dans la paroisse du Vivier, et a pour but de fournir des cercueils aux pauvres, qui presque tous y sont associés, et de faire chanter des obits pour le repos de leurs âmes.

M. Caffin parle également de cette confrérie de Saint-Liévin à Arras. Il cite (2) un bref du Pape Benoît XIV, sous la date du 14 novembre 1740, qui la confirma. La confrérie ayant dû se dissoudre au moment où, au nom de la déesse Raison, on faisait les choses les plus déraisonnables, le bref de Benoît XIV fut de nouveau publié dans le diocèse le 5 juillet 1804, par Monseigneur de la Tour d'Auvergne, Évêque d'Arras. Depuis elle n'a pas cessé d'exister; elle compte en ce moment 2,000 confrères ou associés; son administration est conduite parfaitement. Moyennant dix centimes par mois, des époux peu aisés ont la consolante perspective de penser sans inquiétude à leur décès. Le syndicat de la société pourvoit aux dépenses matérielles de leur sépulture

---

(1) Terninck, membre de plusieurs sociétés savantes, *Promenades archéologiques*, p. 193; Arras, 1842.

(2) Caffin, p. 344, *Annuaire du Pas-de-Calais*, 1845.

sans qu'il en coûte rien à leur famille, et un service funèbre est chanté de même à leur intention dans l'église de Saint-Géry. C'est à l'occasion de cette confrérie si exactement suivie que M. l'abbé Parenty, dans un relevé qu'il a fait de toutes les reliques vénérées dans le diocèse d'Arras, s'exprime ainsi : Le 18 mars 1829, Monseigneur de la Tour d'Auvergne a permis d'exposer dans l'église de Saint-Géry d'Arras, une relique de saint Liévin qu'il a reconnue authentique ; elle provient de celle vénérée à Merck-Saint-Liévin. Le 7 juillet 1828, M Goethale, vicaire général de Gand, envoya à Monseigneur, pour l'église de Saint-Géry, une parcelle des reliques du même saint. Nous ignorons quelles églises du diocèse ont saint Liévin pour patron, et on l'ignore de même à l'évêché par défaut de statistique (1).

(1) L'abbé Parenty, vicaire général, président de l'académie d'Arras, lettre du 6 septembre 1850.

TROISIÈME PARTIE.

Culte particulier rendu au grand Apôtre de la Flandre, dans le village de Merck-Saint-Liévin.

CHAPITRE PREMIER.

ORIGINE DU NOM DE SAINT-LIÉVIN DONNÉ A LA PAROISSE DE MERCK.

> *Fecit quod bonum et placitum erat in conspectu Dei sui; et subvertit altaria perigrini cultus.*
> (PARALIP., 2, c. 14.)
> Il fit ce qui était juste et agréable aux yeux de son Dieu; il détruisit les autels des dieux étrangers.

Après avoir retracé dans la partie précédente la grande vénération des peuples de la Flandre, du Hainaut et de l'Artois pour l'illustre martyr de Haulthem, nous allons maintenant parler de cette dévotion toute particulière qui attire chaque année un concours immense de pèlerins au village de Merck, surnommé à cette occasion Saint-Liévin.

Et d'abord si un objet antique et précieux pouvait donner à cette localité quelque importance, ou lui assigner une origine, nous citerions avec bonheur une bague et deux bracelets d'or du poids de **710** grammes, remontant aux premiers temps de l'occupation romaine (1). Trouvés, dans cette commune (2), à un kilomètre de la chaussée Brunehaut, qui partait de Milan pour se terminer à Boulogne-sur-Mer, ces bracelets antiques gisaient-ils là après des siècles, riche dépouille de quelque fier Gaulois, ou bien, traversant la Gaule pour se rendre à Gessoriac, un empereur romain les aurait-il perdus, à la tête de ses phalanges victorieuses? Nous laissons à d'autres le soin d'éclaircir ce fait historique.

Quant à nous, nous nous contenterons de tirer cette simple conséquence, qu'à cette époque si reculée, Merck avait déjà une importance telle, qu'il sut fixer l'attention de saint Liévin, cet infatigable missionnaire.

En effet, débarqué à Wissant (3), ce saint Prélat, passant au hameau du Pont-de-Briques qu'il affermit

---

(1) La commission des monnaies et médailles à Paris, à qui je les ai adressés, en fit l'acquisition, pour 1,633 fr. 35 c., le 24 octobre 1849.

(2) Jacques Ansel de Piquendal, à Merck, trouva ces précieux objets, en coupant du blé, à l'endroit dit Mont-Bourant, le 16 août 1849.

(3) Malbrancq, *de Morin*.

dans la foi (1), et suivant la route de Boulogne par Wismes, où fut inhumé saint Maxime, cet autre Évêque célèbre de la Morinie (2), Liévin arriva en un lieu nommé Merck, où le dieu Mercure avait un temple, comme semblerait assez l'indiquer le nom de cet endroit : Mercurium, Merkinium, Merck (3).

C'en était trop pour embraser le zèle de notre saint apôtre dont le nom devait être si célèbre en Artois (4). Il commença par évangéliser cette contrée, ainsi que le riche domaine de Robert comte de Renty; là aussi s'étendait alors toute la sollicitude pastorale de saint Omer, Évêque de Thérouanne (5). Suivant la tradition des premiers apôtres de la Morinie, le serviteur de Dieu se dirigea de préférence à Merck, plongé qu'était ce pays dans les ténèbres de l'idolatrie. A l'exemple de

(1) H. Piers, membre de plusieurs sociétés savantes, *Variétés historiques*. — Harbaville, *Mém.*, t. 2, p. 82.

(2) Viam Bononicam ineundo incidit in Vinnam ubi pium sancti Maximi monumentum.... (Mabillon, lib. 3, p. 534.) — L'abbé Destombes, *Histoire des saints de Cambrai et d'Arras*.

(3) Voir notre notice sur ce village : Mercurium, Merck, Merx, marchandise, marché.

(4) L'abbé Lamort, curé d'Oisy, Congrès scientifique de France, vingtième session, Arras, t. 2, p. 261; 1854.

(5) Cæperit vero in partibus que ad Renticæ comitem Robertum attinebant conciones habere : operam suam hic collocarat Audomarus. (Mabillon, lib. 3, p. 534.)

saint Martin, qui renversa le temple du dieu Mars dans la capitale de la Morinie, saint Liévin par sa parole puissante fit crouler avec fracas celui de Mercure, ce dieu des marchands (1), pour ériger au vrai Dieu un oratoire devenu bientôt célèbre par de fréquents miracles (2).

Ce siècle si fertile en saints procura donc à cet endroit l'honneur de posséder ce glorieux martyr, Archevêque d'Écosse, qui, après y avoir demeuré plusieurs années, lui légua à jamais le souvenir de son nom immortel (3).

Nous nous appuierons ici de l'autorité du R. P. Malbrancq : le premier, il a écrit à une époque de renaissance historique, et avec lui nous prouverons le séjour de l'apôtre de la Flandre, de ce thaumaturge par excellence, dans le village de Merck, ainsi que ses miracles si étonnants et ses prédications dans le Boulonnais (4).

D'après une traduction manuscrite de ce vieil his-

---

(1) On sait que les païens représentaient Mercure avec une bourse, *marsupium*, dans une de ses mains.

(2) Marka-Sancti-Livini frequentibus adhuc ostensis inclarescens. (Malbrancq, t. 1, lib. 1, c. 15.)

(3) H. Piers, *Variétés historiques.*—H. de Laplane, député, 1850.

(4) L'abbé Van Drival, chanoine d'Arras, *Légendaire de la Morinie*, p. 390; 1850.

torien de la Morinie (1) nous savons, en effet, « qu'à environ cinq lieues de Sithieu, saint Omer se retirait souvent au village de Saint-Liévin, qui est entre Ouve et Merck (2). On y voit encore une crypte (3) dans un lieu souterrain, au château dit la Motte-Warnecque, assez difficile et profond, où l'Évêque de Thérouanne, au rapport des anciens habitants, célébrait fort souvent le saint sacrifice de la messe, sur un autel dressé dans un coin et tenant à la voûte, car encore que saint Omer fût aveugle, il ne laissait pas de célébrer chaque jour la messe dans cette caverne, où, selon l'opinion de plusieurs, le glorieux martyr saint Liévin aurait offert aussi, pendant son séjour en cet endroit, le divin sacrifice (4) »

Pour entendre ce passage touchant sur saint Omer,

---

(1) Bibliothèque de l'abbé Binet, vicaire de Saint-Denis, à Saint-Omer.

(2) Merck : on appelle ainsi la partie du village où est bâtie la belle église de Saint-Liévin.

(3) Délégué par la société des Antiquaires de la Morinie, à Saint-Omer, en notre qualité de membre, nous y avons fait exécuter des fouilles le 20 janvier 1847 ; elles nous ont procuré la découverte d'une entrée en pierre calcaire, donnant accès à une voûte à plein cintre. Serait-ce cette crypte ? Le manque d'argent, plus un éboulement de terre, nous ont arrêté dans nos recherches.

(4) Voir le texte de Malbrancq aux pièces justificatives, n° 12.

on saura que cet apôtre des Morins habitait de temps à autre le village de Wavrans, commune limitrophe de Merck-Saint-Liévin (1). Cet Évêque de Thérouanne, tout joyeux de posséder dans son diocèse le saint Pontife écossais, lui témoigna le vif désir de le conserver, pour l'aider à cultiver et à civiliser ses indomptables Morins : *Cohonestari et excoli* (2).

(1) Wavrans; c'est là qu'est décédé saint Omer, l'an 670, dans une maison près de l'église, celle de la veuve Delpouche-Hochart.

(2) Magnopere lætus Audomarus, suos Morinos a summo sanctissimoque Britanniæ Præsule cohonestari et excoli eum suis finibus omnino detinere exoptasset. (Malbrancq, lib. 5, p. 535.) — L'abbé Lamort, curé-doyen d'Oisy; Congrès scientique de France, vingtième session, tenue à Arras, 1854, t. 2, p. 259.

CHAPITRE II.

ARRIVÉE DE LA RELIQUE DE SAINT LIÉVIN AU VILLAGE DE MERCK.

> *Glorificavit illum in conspectu regum et jussit illi coram populo suo, et ostendit illi gloriam suam.*
> (ECCL., c. 45, v. 3.)
> Dieu l'a glorifié en présence des rois, et il lui a prescrit ses ordres devant son peuple, et il lui a montré sa gloire.

Dans l'expression de ce désir d'Omer, saint Liévin crut reconnaître la volonté de Dieu, aussi ne fit-il pas difficulté de demeurer quelque temps avec le pieux Évêque de la Morinie. C'est donc à Merck qu'il s'établit dans une solitude au nord de Fauquembergues, sur les bords de l'Aa ; il y séjourna environ quatre ans, entouré de la vénération des habitants de toute la contrée. Son oratoire devint un lieu de pèlerinage longtemps célèbre et qui de nos jours est encore très-fréquenté (1). Pendant sa résidence il y opéra quel-

---

(1) Harbaville, ancien conseiller de préfecture, membre de plusieurs sociétés savantes, *Mémorial historique*, t. 2, p. 211.

ques miracles, répandit de sages avis et de salutaires recommandations (1). Il appuyait de l'autorité de sa vie la vérité de ses discours : aussi opérait-il autant de conversions qu'il rencontrait de personnes, mettant tout en œuvre pour parvenir à ses fins ; sa charité envers les pauvres et les malades était sans bornes et produisit des fruits abondants.

Depuis cette époque, d'après Baillet (2), cette paroisse est devenue remarquable par le culte qu'on rend de toute part à saint Liévin, et se glorifie à juste titre d'avoir eu les prémices de la prédication de ce saint apôtre (3). Là, à 20 kilomètres sud de Saint-Omer, et à 12 de Thérouanne, il y a plus de douze siècles qu'existait son oratoire au bas d'une colline d'un aspect riant et pittoresque, près d'une rivière limpide embrassant de ses replis sinueux de verdoyantes prairies (4).

Ce lieu, dirons-nous encore avec Malbrancq, est

---

(1) H. Piers, correspondant du ministère de l'instruction publique, *Variétés historiques*.

(2) Baillet, *Vies des Saints*.

(3) Dom Ducrocq, religieux Bénédictin de l'abbaye de Samer.

(4) A Terruanna terno lapide Pagus est ad ima collium protensus, amno lapide fluxu vario viridaria præterlabante, perjucundus aspectu jam a multis retroactis sæculis sancti Livini nomine insignitur..... Semperque mirificus operibus corucasse. (Malbrancq, p. 335.)

célèbre par les faits miraculeux que saint Liévin y opère en tout temps.

Sur le même emplacement, provenant d'un chanoine de Saint-Omer, sire *Jean Michiel*, donné par lui dans le quinzième siècle, à la collégiale de Fauquembergues, pour une fondation pieuse, s'élève encore aujourd'hui majestueusement la belle église qu'on a érigée à la mémoire de notre bienheureux. La date de 1571 que l'on remarque dans un écusson en grès, au-dessus d'une ancienne porte seigneuriale donnant accès au chœur de l'église, nous indiquerait peut-être l'époque de la reconstruction, en partie au moins, de ce monument religieux, quoique terminé seulement en 1687. Comme tant d'autres, il a eu sans doute ses époques de splendeur et de vicissitudes; et qui pourra nous dire, depuis son origine, combien de fois il a été élevé, détruit, puis réédifié encore (1)!

(1) Des ruines provenant d'une commanderie de Templiers, sur une terre dite le *Petit-Bruveau*, ont donné lieu à une tradition populaire qui se perd dans la nuit des temps, et à laquelle les habitants de Saint-Liévin ajoutent encore foi. Saint Etton, en latin *Etto*, contemporain et parent de saint Liévin, aurait voulu bâtir l'église du lieu en cet endroit, mais saint Liévin, plus puissant, l'en a empêché par un miracle, pour l'édifier sur l'emplacement de son oratoire, où elle est actuellement. — D'autres ruines découvertes au *Manillet* indiquent, en outre, qu'autrefois s'élevait là un

Dans une de ses promenades archéologiques l'abbé Bresselle(1) me fit observer judicieusement que le sanctuaire actuel, ou l'abside, avait été formé de l'ancien chœur. A l'extérieur, en effet, on remarque que les croisées en ogives ont été percées dans de vieux murs beaucoup plus bas autrefois, comme l'indiquent des cordons de pierres faisant suite à d'autres absolument semblables sur le corps de l'église. La voussure du chœur, à l'intérieur artistement décorée, repose sur des chapiteaux et des colonnes d'ordre roman du onzième ou du douzième siècle, tandis que les ogives du bas côté dans la galerie de saint-Liévin accuseraient, selon l'abbé Parenty, une première construction du treizième siècle (2).

Nous sommes beaucoup plus certain quant à l'épo-

petit couvent de religieuses de l'ordre de Saint-Benoît, supprimé en 1496 par Philippe de Luxembourg, évêque de Thérouanne. (J. Derheims, *Itinéraire de l'arrondissement de Saint-Omer*, 1846.)

(1) L'abbé Bresselle, archéologue, et curé de Mazinghem, canton de Norrent-Fontes, *Promenade archéologique*, 4 octobre 1850.

(2) L'abbé Parenty, chanoine, vicaire général d'Arras, membre de plusieurs sociétés savantes, dans une visite à Saint-Liévin faite en 1847, avec M Quenson, ce savant auteur de *Notre-Dame de Saint-Omer*, ancien député, président du tribunal de Saint-Omer, et l'abbé Clovis Bolard, antiquaire érudit, et aumônier de l'hôpital militaire de cette ville.

que que l'on assigne pour le don de la relique précieuse du saint martyr, fait à cette église si renommée. Dom Ducrocq, dans son manuscrit, nous dit qu'elle l'aurait reçue d'un abbé de Saint-Bavon.

D'après les archives générales du Pas-de-Calais, à Arras, et celles de l'église de Merck-Saint-Liévin, ce fut le comte Guffroy, seigneur de Warnecque (1), qui a été chargé de la lui apporter, vers l'an 1300 de notre ère (2).

Alors Jacques, Évêque de Thérouanne, procéda à l'inauguration de cette sainte relique, qui consiste en un fragment considérable du bras de saint Liévin ; cette touchante cérémonie eut lieu au milieu d'un nombreux clergé et d'une foule considérable de peuple (3). Le vénérable Prélat, revêtu de ses habits pontificaux, reçut des mains du noble Guffroy la châsse gothique qui renfermait ce dépôt sacré. Le seigneur de Warnecque avait mis pied à terre, pour recevoir la bénédiction épiscopale ; derrière lui se tenait respectueusement son écuyer tenant par la bride le coursier du comte. Afin de perpétuer le souvenir de cette

---

(1) Warnecque, hameau de Merck-Saint-Liévin. L'ancien château n'existe plus ; il a appartenu longtemps aux princes de Croy.

(2) Archives générales du Pas-de-Calais, à Arras.

(3) Archives générales du Pas-de-Calais et celles de l'église Saint-Liévin.

fête mémorable, Guffroy la fit peindre sur le mur du fond de la chapelle du glorieux martyr : il savait que les peintures et les images sont un moyen sûr pour faire connaître un fait et le rendre plus populaire (1).

(1) Voir une notice sur la commune de Merck-Saint-Liévin, 1842.

CHAPITRE III.

DESCRIPTION DE L'ÉGLISE DE SAINT-LIÉVIN A MERCK. — MIRACLES OPÉRÉS PAR SON INTERCESSION PENDANT LE SIÉGE DE RENTY.

> *Domum majestatis meæ et locum pedum meorum glorificabo.*
> (ANT. AD LAUD., 10 nov.)
> Je glorifierai le temple de ma gloire et le lieu où j'ai posé le pied.

Depuis cette glorieuse époque, la relique vénérée de notre illustre saint trône dans l'église de cette paroisse, qui assurément, comme église de campagne, est l'un des plus beaux édifices religieux de l'arrondissement de Saint-Omer. « Son clocher vraiment monumental, d'après l'expression de l'abbé Parenty, mériterait d'être dessiné ainsi que l'ensemble de l'édifice, dont la flèche est si remarquable par son architecture hardie (1). » Elle s'élance en effet majestueu-

(1) H. Piers, *Variétés historiques*. — Harbaville, *Mémorial artésien*, t. 2, p. 212. — D'après l'avis de M. l'abbé Parenty, nous avons fait dessiner cette église si renommée. — H. de Laplane, inspecteur des monuments historiques.

sement dans les cieux, avons-nous dit dans notre notice sur ce village, comme pour voir arriver chaque jour les nombreux pèlerins qui y viennent de toute part.

La tour est ceinte d'une superbe galerie ornée de sculptures, de niches gothiques à figures mystérieuses, d'un clocheton et de vases diversement variés. Les triangles de cette imposante pyramide sont flanqués de corbeaux ou de fleurons élégants (1). Cent trente marches, en pierre calcaire, conduisent au sommet de la tour, dont les contreforts gigantesques, du côté de la petite porte, ont, le corps de l'église compris, quatre mètres soixante seize centimètres d'épaisseur.

L'on compte trente-quatre mètres de la base du monument à la galerie, riche de sculptures, distante elle-même de trente-quatre mètres de la croix qui la surmonte. Son portail, aux colonnes torses ornées de chapiteaux historiés (2), est majestueux, ainsi que la voûte de la cloche, si imposante, et dont la hauteur est de dix mètres soixante centimètres, sur sept mètres trente-sept centimètres de largeur, le tout exé-

---

(1) H. Piers, *Variétés historiques*, 1843. — J'obtins en 1839, de la reine des Français, 100 fr. pour la réparation de cette belle tour.

(2) H. de Laplane, ancien député, inspecteur des monuments historiques.

cuté en pierres de taille avec ordre et précision (1).

Cet édifice religieux, entièrement pavé en dalles de marbre bleu et blanc, a, dans œuvre, trente-trois mètres de longueur, sur huit mètres soixante-dix centimètres de largeur, se composant de deux nefs, si nous considérons comme telle la chapelle de saint Liévin. Cet oratoire porte dix-sept mètres quarante centimètres de long, sur quatre mètres quatre-vingt-quatre centimètres de large, séparé qu'il est de la grande nef, par trois arcades lancéolées que supportent des demi-colonnes aux chapiteaux semi-cubiques dont les bases s'appuient sur un socle enrichi d'appendices en forme de pattes de lion (2).

La voûte du sanctuaire a dix mètres de haut : celle de la chapelle de saint Liévin, six mètres quarante-huit centimètres, toutes deux en pierres blanches. Leurs nervures ogivales et croisées tombent en faisceaux sur de charmants culs de lampe. Parmi ceux-ci, la figure d'un moine portant un écusson sur la poitrine, revêtu de l'habit religieux, nous rappellerait, selon moi, qu'Allart Trubert, soixante et unième abbé de Saint-Bertin, né à la Motte-Warnecque,

(1) Præfert templum grande, e scalato lapide structum affabre. (Malbrancq.) — H. Piers. — Ma notice sur Saint-Liévin, p. 26.

(2) Ces socles furent en partie mutilés lorsqu'on les couvrit d'une boiserie de très-mauvais goût, et que j'ai fait disparaître.

7

compta peut-être parmi les bienfaiteurs de ce monument, érigé en l'honneur de notre saint (1).

Nous savons qu'alors les moines de cette célèbre abbaye étaient obligés d'entretenir le sanctuaire, à cause de certains priviléges dont ils jouissaient dans cette paroisse (2).

Longtemps avant les nombreuses incursions des Français aux seizième et dix-septième siècles, d'après le R. P. Leclercq, « le bâtiment de l'église de Merck-Saint-Liévin était en pierres de taille, et avait par le passé un vaisseau parfaitement beau et riche. Il a été en partie détruit et brûlé par les Français, dans la grande guerre qui a duré vingt-cinq ans, entre l'Espagne et la France, principalement à l'époque du siége de la ville de Saint-Omer, l'an 1628. Près d'un siècle auparavant, c'est-à-dire le 9 août 1554, l'empereur Charles-Quint vint en personne asseoir son camp à *la Marck-Saint-Liévin* (3), accompagné qu'il était du Cardinal de Granvelle, Évêque d'Arras, du maréchal d'Aumont, du marquis de Puységur, du comte de Lannesau, d'Henri du Beaumanoir, et du vaillant et malheureux Coligny, disposé à secourir le château de Renty, assiégé par les Français.

(1) Voir aux pièces justificatives une note biographique sur Allart Trubert, né à Saint-Liévin, n° 13.
(2) H. Piers, *Variétés historiques*.
(3) *Mémorables Journées des Français*, deuxième partie.

Ce monarque espagnol ne put néanmoins empêcher l'incendie de l'église de Merck, brûlée par Châtillon, maréchal de France, « ce calviniste outré contre notre sainte religion, qui, comme ceux de sa secte en Flandre, voulait éteindre dans notre pays la mémoire du grand saint Liévin, d'autant que la fureur de l'hérésie s'étend aussi bien sur les morts que sur les vivants (1). »

Mais bientôt cet édifice se releva de ses ruines par la piété généreuse d'Albert et d'Isabelle, souverains des Pays-Bas; par celle des princes de Croy, seigneurs de Warnecque, et surtout par les nombreuses offrandes des pèlerins qui, d'après le R. P. Leclercq, venaient en foule « de la Flandre, de Liége, d'Angleterre et de divers points de la France, à la fête de la translation des reliques de saint Liévin, qui tombe le vingt-huit juin. » Selon le même auteur, on en compta un jour jusqu'à douze mille (2) qui vinrent *implorer l'incomparable saint Liévin* (3), pour suspendre à son autel leurs offrandes, réclamer la protection de l'Éternel (4), et obtenir ainsi la guérison de maux répu-

---

(1) Dom Ducrocq, Bénédictin de Samer.

(2) Le P. Leclercq et Malbrancq : Eo confluunt e Belgio, Eburonibus, remotis Galliæ finibus, e Britannia innumeri quibus officiunt mala corporis pessima, præsertim vero dum c medicis conclamatum....

(3) Dom Ducrocq, Bénédictin.

(4) H. Piers, *Variétés historiques*.

tés incurables (1). La réputation de ce sanctuaire du glorieux martyr est si grande, qu'on y vient, dit un auteur sacré (2), « pour ceux qui sont en danger de vie, lesquels ordinairement font vœu d'y aller en pèlerinage s'ils relèvent de maladie, parce que les fidèles ont souvent éprouvé que Dieu a donné la guérison inespérée à plusieurs malades par l'intercession de ce saint. »

Ce fut principalement en 1638, lorsque l'Espagne et la France, toujours rivales et toujours ennemies, se disputaient la souveraineté de l'Artois, que saint Liévin donna la preuve la plus éclatante de sa puissance près de Dieu, à l'égard de ceux qui l'invoquent avec confiance.

Les Français s'étaient rendus à Merck-Saint-Liévin, où les habitants, alors sous la domination espagnole, leur firent une résistance des plus opiniâtres, réfugiés qu'ils étaient dans leur église, comme dans un fort inexpugnable. L'entrée du temple cependant fut bientôt forcée par une soldatesque effrénée, se battant à l'arme blanche, passant au fil de l'épée ceux qu'elle rencontrait, ou ceux que le feu avait épargnés. Pour éviter le même sort et échapper à de semblables cruautés, quatre-vingts se réfugièrent dans le clocher. Forcés dans ce dernier retranchement, d'après le R. P. Leclercq, vu ce péril extrême, ils implorèrent

---

(1-2) Le R. P. Ribadeneira, *Fleurs de la vie des saints.*

leur glorieux patron, puis, munis du signe de la croix, ils s'élancèrent dans le cimetière, sans recevoir la plus petite contusion, prenant en toute hâte la fuite, afin d'aller cacher une vie si miraculeusement conservée, par l'invocation du grand saint Liévin. M. Harbaville rapporte ainsi ce prodige : « Quatre-vingts habitants traqués par les gens de guerre se réfugièrent dans la tour ; les soldats, pour les faire sortir, les y enfumèrent ; les malheureux, suffoqués par la vapeur étouffante, se retirèrent sur l'étroite plateforme, qui ne pouvait tous les contenir. L'un d'eux, dans cette extrémité, se recommandant à saint Liévin, sauta bravement dans le cimetière, et se releva sain et sauf ; tous alors l'imitèrent et le firent impunément (1). »

(1) Harbaville, *Mém. historique*, t. 2, p. 212.

CHAPITRE IV.

LES RELIQUES DE SAINT LIÉVIN, A L'OCCASION DES GUERRES D'ARTOIS, SONT TRANSPORTÉES A LILLE.—ELLES SONT RENDUES A L'ÉGLISE DE MERCK.

> *Emitte manum tuum de alto, eripe me et libera me..... de manu filiorum alienorum.*
> (Ps. 143, v. 7.)
>
> Étendez votre main d'en haut..... et délivrez-moi des fils de l'étranger.

A cette époque de l'invasion espagnole, comme autrefois pendant les troubles de la Belgique, les trésors sacrés que renfermait l'église de Saint-Liévin, sa relique principalement, avaient été soustraits à la rapacité des troupes. Nous lisons en effet dans Malbrancq « que la relique précieuse de saint Liévin avait été cachée pour un temps à Saint-Omer, chez le sieur de Boyef, recommandable par sa piété et descendant d'une des plus nobles familles de Bergues. Quoique privée de ce dépôt, l'église de Saint-Liévin, dans ces temps d'épreuves, n'en fut pas moins fréquentée, à cause des miracles prodigieux et multipliés qui s'y opéraient également tous les jours, sur des malades très-désespérés (1). »

Cette fois, c'est à Lille qu'ils allèrent chercher un lieu plus sûr pour leur bien chère relique, ainsi qu'il appert par cet extrait d'un procès-verbal dressé à cette occasion : « Le 30 janvier 1641, nous soubsignés, marglisiers ès paroisse de monsieur Sainct-Estienne en cette ville de Lille, desclarons combien qu'ainsy soit, que depuis quelques mois ayant les Sainctes reliques de monsieur sainct Liévin esté apportées en l'église de Sainct-Estienne audict Lille du lieu où elles reposoient d'ancienneté, qui estoit au village de Merck-Saint-Liévin, au pays et comté d'Artois, en ce que M. Jacques Ringard, prêtre pasteur dudit Merck, et le doyen de la chrétienneté de Fauquembergues, afin d'y estre gardées et conservées durant la guerre entre les deux couronnes, à quoy ayant

(1) Mihi serio tantorum beneficiorum huic loco, a sancto Livino collatorum scrutanti visum est non tam Livianis reliquiis quibus illa ornatus, quam ipsius loci santimoniæ miraculorum frequentiam tribui. Nam cum superiori tumultuum Belgicorum tempestate illis careret, Audomari, apud dominum de Boyef e familia Bergensi prænobilem, ac piissimum virum asservabatur, non ideo destitit frequentari a desperatissimis morbis præsidium conferre. (Malbrancq, anno 1639.)

favorable regard, avons consenti et accordé consentir et accordoir par cette, que lesdictes sainctes reliques soient mises, pour estre gardées, en ladite église, en la chapelle madame saincte Catherine de Sienne, pour d'autant plus donner moyen et accès à ceux qui ont dévotement envers lesdictes sainctes reliques, pour les honorer, ainsi qu'il se faisoit auparavant les guerres, avec grand concours et affluence de peuple, audict Merck-Saint-Liévin, le tout à réquisition dudict pasteur, et sous les conditions suivantes :

« A scavoir, que pour la garde et conservation desdictes sainctes reliques, ils requièrent qu'il soit commis et establi ledict maistre Jacques Ringard, ou telle autre personne qu'il plaira de mettre en sa place, ayant pour les finir de sa part dénommé maistre Adrien Hecquet, prestre de la paroisse desdicts marglisiers, maistre Hubert Hocque, aussi prestre nommé, lesquels ensemble, ou l'un d'eux, pouldront en ladicte chapelle madame saincte Catherine de Sienne, où lesdictes saintes reliques sont exposées, y tenir buffet, vendre et distribuer images, médailles d'argent dudict sainct, petites chandelles, luminaires, et aultres choses, qui sont trouvées souvenir, et aussi recepvoir toutes aumosnes qui se donneront audict buffet et aultrement en l'honneur dudict sainct, et auront chacun par jour, pour leurs paines, deux patards, qui se prendront sur les aumosnes qui se donneront audict buffet, lesquelles aumosnes et tout aultre profit et émoluments que reviendront audict buffet, se mettront pour cesdicts prestres, commis chaque jour au troncq exposé en ladicte chapelle, lequel troncq les bons lundis ou bien chaque mois sera ouvert par lesdicts marglisiers présents, et appelé ledict sieur pasteur de Merck-Saint-Liévin, pour le tout estre reparti, avec ce qui sera trouvé avoir esté donné tant audict troncq que celui de dehors esmis à l'encontre ladicte chapelle, entre les marglisiers et ledict sieur pasteur, chacun par moitié, dépenses raisonnables au préalable prins et déduites par ledict sieur pasteur de ladicte moitié, pour les réparations et restaurations de l'Eglise monsieur Saint-Liévin, à présent ruinée, ou aultrement, comme sera trouvé convenu, par M. le comte de Rœux, prince de Croy, seigneur dudict Merck-Saint-Liévin, gouverneur de cette province, et aultre qu'il appartiendra, moyennant quoi lesdicts marglisiers sont tenus et ont promis de livrer pain, vin, pour les messes qui se diront et célèbreront en ladicte chapelle, et aultre de ladicte église, à l'honneur dudict sainct Liévin, aux dépends de ladicte église, bien entendu que les messes dont plusieurs bonnnes personnes, tant de cette ville que de dehors, auront dévotion de faire dire et célébrer à l'honneur dudict sainct, seront à la disposition dudict sieur pasteur, pour par lui prendre et avoir le premier, le second de le donner audict maistre Adrien Hecquet, et les aultres les bailler aux prestres habitants de ladicte chapelle Sainct-Estienne qui auront et debvront avoir avant tout la préférence. Et au regard des donations d'argenteries non monnoiées qui se feront et donneront par aucunes bonnes personnes à l'honneur dudict sainct, et aussi les ornements qui sont à présent donnés et se donneront à l'avenir, iceux demeureront avec la châsse où sont mises et reposent lesdictes sainctes reliques, au seul et singulier profit de ladicte église de monsieur sainct Liévin, avecq tous les cocqs et pouilles donnés audict sainct (1). Quant à toute aumosne reçue par ledict sieur pasteur de Sainct-Liévin, que de ses commis, icelui soit tenu et a promis rendre compte auxdicts marglisiers, depuis le jour de leur entrée et admission des sainctes reliques en ladicte église et chapelle, jusqu'aujourd'huy, datte de cette, le tout fait à condition, aussi que tous frais et dépenses qu'il conviendra de faire, pour célébrer solennité et feste de monsieur sainct Liévin, se prendront hors lesdictes aumosnes. Semblablement a esté accordé, entre lesdicts marglisiers et sieur pasteur, que la châsse où reposent lesdictes sainctes reliques ne se polront emporter hors

---

(1) Ces sortes de donations s'appelaient offrandes de cœurs vifs qu'on vendait au profit de l'église de Merck-Saint-Liévin. Selon le R. P. Leclercq, d'après sa *Vie de Saint-Liévin*, on en reçut dans cette église jusqu'à trois cent soixante en un seul jour.

de ladicte église et chapelle, où présentement sont reposantes, ne fust-ce lorsqu'il y aura une paix ou aultre accord entre les deux couronnes, pour les mettre et remplacer en leur lieu et place ordinaire en l'église dudict Merck-Sainct-Liévin, en estant requis par le seigneur comte de Rœux, gouverneur dudict Merck (1), ledict sieur pasteur, les baillis, gens de lois et manans dudict Merck-Saint-Liévin, et ceux de la paroisse, et arrivant ladicte paix, iceux marglisiers promettent de bonne foy leur laisser suivre et remporter lesdictes sainctes reliques, reconnoissant qu'elles ne sont esté mises exposées en ladicte chapelle, que pour y être gardées et dépositaires durant lesdictes guerres, comme dit est.

« Ainsy fait et accordé par lesdicts marglisiers assemblés en leur trésorerie avec M. le doyen et pasteur de Sainct-Liévin, que le tout ils ont promis et promettent respectivement leur maintenir, entretenir et accomplir, témoins leurs seings manuels mis le 30 janvier 1641.

« Ringard prestre, Philippe Mouxel, Rogier, le Cherf, Jean Lavignel, N. Grassis, Jacob Videmille, Jacques Warnier, Pierre Delehay, François Cadez et Michel de Lampriel. Collation faite de la présente copie à son original, exhibée par maistre Fayolle,

---

(1) La *maîtresse-verrière* du chœur de l'église de cette paroisse était aux armes du comte de Rœux en 1630.

bailli du seigneur comte de Rœux, pour servir et valoir audict seigneur, etc., 23 novembre 1709. J.-F. de Remetz; S. Coppe d'Arras (1). »

Les reliques de saint Liévin étant ainsi mises en sûreté, on s'occupa également de soustraire aux fureurs des ennemis le mobilier de l'église de Merck, ainsi que ses belles cloches, que l'on cacha dans la forteresse de la petite ville de Renty. Pierre d'Haffringues, lieutenant du mayeur de Saint-Omer, nous dit dans ses mémoires inédits, qu'à la prise de ce château-fort, les Espagnols trouvèrent « très-grande quantité de richesses, si comme cinquante cloches, trois desquelles estantes de Sainct-Liévin, estoient prisées 18,000 florins. » Une quatrième cloche appartenant aussi à cette paroisse, d'après la tradition, aurait été jetée alors dans l'Aa, rivière qui coule au bas de l'église, et à l'endroit dit *Fausse-Faille*.

C'est après la capitulation du fort de Renty par M. de Colonne, gouverneur de cette place, qu'elles furent enlevées par le maréchal de Châtillon, en août 1638. Il les fit transporter à Montreuil-sur-Mer, vers le commencement de septembre, pour être remises entre les mains du commissaire d'artillerie et être ensuite vendues ou embarquées à défaut d'acheteurs.

(1) Les familles de Jacques Warnier, Pierre Delehay et François Cadet, existent encore à Merck-Saint-Liévin, ou dans les environs.

Ces belles cloches de Merck-Saint-Liévin *formaient accord*, et pesaient 14,500 livres. Elles furent achetées par les mayeurs et les échevins de la susdite ville. Suspendues dans le beffroi de leur église, elles y restèrent jusqu'à l'année 1789, époque où elles furent fondues ; la grosse cloche actuelle, qui résonne encore chaque jour à Montreuil, a été composée de ce riche métal (1).

Dieu mit enfin un terme à ces calamités, et les trop heureux habitants de Merck-Saint-Liévin s'empressèrent de faire revenir la relique si vénérée de leur glorieux patron, « pour les mettre et remplacer en leur lieu et place ordinaire en l'église dudit Merck-Saint-Liévin (2). »

Elles furent donc rapportées en triomphe par le prince de Croy, comte de Rœux, gouverneur de Merck, sous M. Ringard, doyen et pasteur dudit lieu. A cette occasion on avait entièrement réparé l'église, pour laquelle « chacun s'estoit empressé de travailler à la réparation et restauration de cet édifice, auparavant ruiné (3), » et ce, à l'aide des offrandes des pèlerins, de la noble maison de Croy et des oblations volontaires de tous les habitants jointes aux revenus de ladite église. Ils étaient considérables à cette époque ; ils consistaient en plus de trente mesures de

---

(1) Archives de M. Henneguier, avocat à Montreuil.
(2-3) Extrait du procès-verbal de l'an 1641.

terre, données aux quinzième et seizième siècles, lui assurant au moins dix-huit cents livres de rente.

Alors, ainsi que par le passé, l'église de Saint-Liévin fut visitée par de nombreux pèlerins, « à cause des miracles fréquents qu'il y a opérés (1) pendant sa vie et après sa mort, selon que l'a rapporté dom Ducrocq, ce savant religieux étant venu lui-même visiter l'*incomparable saint Liévin*, pour nous servir de ses propres expressions.

Malbrancq, d'après ce pieux Bénédictin, y aurait officié avec pompe, revêtu d'un bel ornement de damas rouge, avec franges d'or, estimé plus de six cents florins, qu'avait offert à saint Liévin un riche marchand de Lille, après avoir recouvré la vie et la santé par l'intercession du saint Archevêque martyr, ainsi que l'a rapporté le R. P. Leclercq, et avant lui le vieil auteur de l'*Antique Morinie*.

---

(1) Marka-Sancti-Livini frequentibus adhuc ostensis inclarescens. (Malbrancq, t. 1, lib. 1, c. 15.)

CHAPITRE V.

LA RELIQUE DE SAINT LIÉVIN PRÉSERVÉE D'UNE NOUVELLE PROFANATION. — VISITE DE MONSEIGNEUR DE LA TOUR D'AUVERGNE, ÉVÊQUE D'ARRAS, A LA CHASSE DU SAINT, DANS L'ÉGLISE DE MERCK.

> *Justus ut palma florebit; multiplicabitur in domo Domini.*
> (Ps. 91, v. 12.)
>
> Le juste croîtra comme le palmier; il se multipliera dans la maison du Seigneur.

Depuis cette époque, même pendant les jours mauvais de 93, de pieux pèlerins n'ont cessé de venir honorer à Merck-Saint-Liévin la précieuse relique de son illustre protecteur. La plupart d'entre eux ont pieusement inscrit leurs noms sur les murs de son sanctuaire, qui, comme un livre toujours ouvert, transmettront d'âge en âge leur reconnaissance pour l'accomplissement d'un vœu, ou pour quelque bienfait reçu. Ces chrétiens fervents ont fait, pour ainsi dire, de ces pierres comme autant d'oracles pour annoncer à la postérité les sacrifices et les fatigues qu'on savait s'imposer dans ces beaux jours de foi et de religion.

Avant l'époque néfaste précitée, l'autel de Saint-Liévin était surchargé d'ex-voto, de cœurs d'or et d'argent, et recevait une autre espèce d'offrande, dite de cœurs vifs, ainsi que nous l'avons insinué, et qui consistait en coqs et poules offerts *audict sainct*.

Nous pouvons donc répéter ici avec la légende du Bréviaire d'Arras que de toute ancienneté le culte de saint Liévin est célèbre dans cette paroisse, soit qu'on y vienne en personne ou qu'on y envoie (1) implorer avec succès sa protection puissante pour des malades à l'agonie ou à la dernière extrémité (2).

Trop heureux habitants de ce lieu si privilégié et tant de fois sanctifié par les miracles de Liévin (3), vous couliez alors de si beaux jours, à l'ombre du

---

(1) Ceux qui venaient à Saint-Liévin, pour d'autres, accomplir un vœu ou prier à la châsse du saint martyr, demandaient une attestation de leur pèlerinage; elle leur était délivrée par le trésorier ou le curé de la paroisse. Voir aux pièces justificatives la formule de cette attestation, n° 14.

(2) Celebre est apud nos jam ab antiquissimis temporibus sancti Livini nomen ad quem confugiunt non sine fructu, ægrotantes in extremo agone constituti. (*Brev. Atreb.* jussu cardinal de la Tour d'Auvergne, 1854.)

(3) Henri de Laplane, ancien député, ***Histoire de l'église de Fauquembergues***, 1854, p. 7.

sanctuaire si vénéré de votre saint patron ! pourquoi les horreurs d'un vandalisme moderne vinrent-elles encore troubler votre bonheur ? Que sont devenues, dites-moi, vos fêtes de Saint-Liévin, et du *sied de la blanche Vierge* ? Dans ces jours impies, la statue de l'ignoble Marat remplaça celle de votre glorieux martyr, et une vestale païenne, la déesse Raison, fit oublier cette fête touchante où la plus vertueuse de vos filles était conduite solennellement dans le temple, au banc seigneurial, à cette place que marquait un voile blanc, restant inoccupée les autres dimanches de l'année. Ainsi donc, touchante solennité, vous deviez disparaître dans ce cataclysme révolutionnaire, de même que ces usages pieux et candides qui rappelaient nos plus beaux jours de foi.

La religion eut alors une guerre plus terrible à supporter que celle faite par le fer et le feu, c'était avec l'impiété que la lutte était engagée, contre l'impiété avec tout son cortège, en un mot, avec l'athéisme.

Au nom de la liberté, l'église de Merck-Saint-Liévin fut vendue, et de ses trois cloches, deux furent transportées à Saint-Omer, pour être fondues et changées en pièces de canon. Hélas ! ils ignoraient, ces régénérateurs de nouvelle espèce, dirons-nous avec Châteaubriand, que sans religion on arriverait, par cette liberté, à la pétrification sociale où la Chine est arrivée par l'esclavage.

Cependant, du haut des cieux saint Liévin veillait sur son oratoire, qui fut conservé intact, et lorsqu'une ère nouvelle s'ouvrit, à l'époque du concordat, cette église, en partie, fut rendue au culte catholique. Des âmes pieuses pendant la tourmente révolutionnaire avaient soigneusement caché la relique vénérée de leur glorieux patron, et bientôt elle fut reconnue avec tous ses caractères d'authenticité, par l'Evêque d'Arras, Monseigneur de la Tour d'Auvergne, lors de son arrivée dans ce diocèse, le 9 août 1802.

Cependant ce ne fut que quatre ans après que le vénérable M. Callart, curé de Merck-Saint-Liévin, rentra en possession de l'église entière, réconciliée par M. Coyecques, vicaire général de l'évêché, le 18 février 1806 (1).

Déjà des milliers de pèlerins avaient visité l'église de Saint-Liévin, ils s'étaient rappelé, avons-nous dit dans notre notice sur ce village (2), les faveurs signalées que leurs ancêtres y avaient reçues ; ils aimaient à revoir tous les ans, et à lire avec respect, les noms que leurs pères avaient gravés sur ses murs, plusieurs siècles auparavant. Ce n'est pas sans attendrissement qu'on les voit de pierre en pierre, de pilier en pilier, couvrir de leurs larmes et de leurs bai-

---

(1) Voir aux pièces justificatives, n° 15.
(2) *Notice sur Merck-Saint-Liévin*, p. 41.

sers un nom qui leur avait été cher à plus d'un titre(1).

Les vénérables Évêques de Boulogne, et le dernier Prélat de ce diocèse ancien, Monseigneur de Partz de Pressy, de glorieuse mémoire, avaient aussi visité le sanctuaire si renommé de Saint-Liévin. Comme ses illustres prédécesseurs, Monseigneur de la Tour d'Auvergne, Évêque d'Arras, dans sa sollicitude pastorale, n'oublia pas ce lieu si célèbre. C'est en son nom que M. Coyecques, encore vicaire général de l'arrondissement de Saint-Omer, le visita le 14 juillet 1808.

Alors on tint acte de cette démarche, dont le but était de visiter la châsse de saint Liévin et d'en permettre l'exposition à la vénération des fidèles (2).

Cette châsse, bien sculptée et d'une forme très-antique et toute dorée, était renfermée dans deux autres châsses (3).

(1) Voici quelques-uns de ces noms les plus remarquables et les plus anciens : Jean Wicarr, le 10 juin 1581 ; Adrien Plohain, 1600 ; Antoine Hanon, 1611 ; Adriaen Deuulder van Huerem, 1670 ; Job, 1620 ; Jean Flament, de Cambrai, 1672 ; Jean-Baptiste Widoque, de Merville, 1689 ; Blancart de la Gorgue, 1680 ; de Beaufort, 1720 ; de Beaumont, 1751 ; Vandame, de Cassel, 1768 ; Denis Thueux, de Boulogne, 1765 ; Gaddeblé, de Calais, 1755 ; Joseph Uzel van Poperinghe, de Belgique, etc., etc.

(2) Voir aux pièces justificatives, n° 16, le procès-verbal de cette visite.

(3) Archives générales du Pas-de-Calais. Depuis, cette châsse a été renfermée dans une seule, de style Louis XV

L'an 1829 et le 9 mai, Monseigneur de la Tour d'Auvergne, Évêque d'Arras, sur le point de terminer sa superbe basilique de Saint-Vaast, voulut l'enrichir aussi d'un fragment de la très-précieuse relique de saint Liévin. Ainsi la gloire de ce juste, de notre saint martyr que l'impiété voulait anéantir à une époque si désastreuse pour notre belle France, reprit un nouvel éclat, et, selon l'expression de l'Esprit-Saint lui-même, se multiplia par le culte qui s'établit, comme nous venons de le dire, dans la cathédrale d'Arras et dans l'église de Saint-Géry, de cette même ville.

L'illustre Prélat se rendit donc, à ce sujet, dans la paroisse de Merck-Saint-Liévin. Là il fit l'ouverture de la châsse du glorieux martyr pour en extraire une parcelle du bras du grand apôtre de la Flandre et de la Morinie, qu'il replaça ensuite dans le reliquaire avec d'autres reliques non moins précieuses : la tête de saint Éthon et celles des quarante martyrs.

Un acte fut également dressé à l'occasion de cette visite épiscopale, si honorable pour Merck-Saint-Liévin (1).

En mai 1836, M. Ivain, curé de cette paroisse, descendit dans la tombe, après l'avoir administrée l'espace de vingt-huit ans. Appelé à lui succéder immédiatement, nous nous efforçâmes d'embellir encore

---

(1) Voir cet acte aux pièces justificatives, nos 17, 18 et 19.

l'église de Saint-Liévin, à l'aide des offrandes faites en son honneur ; plusieurs autels furent construits ou réparés, celui de la très-sainte Vierge, entre autres, tout en pierre, et à la date de 1688 La chaire de vérité, d'une admirable sculpture, d'après H. Piers, fut plus convenablement placée, et sur le pilier qui la portait autrefois, nous mîmes le beau tableau de l'Annonciation de la sainte Vierge, copié d'après Zurbazan, célèbre peintre espagnol, tableau obtenu en 1850 du ministère de l'intérieur, sur notre demande, présentée par M. de Saint-Amour, représentant. Le maître-autel fut richement décoré par un groupe magnifique, de grandeur naturelle : c'est Notre-Dame des Sept-Douleurs, au pied du calvaire, entourée d'anges ayant à la main chacun un attribut de la passion. Ce groupe si touchant fut obtenu aussi par nous, de la reine des Français, Marie-Amélie, en l'année 1841. Notre-Dame des Sept-Douleurs est pour la paroisse l'objet d'une très-grande vénération ; sa fête principale est fixée au troisième dimanche de septembre ; de nombreuses indulgences y sont attachées (1).

---

(1) L'inauguration de ce groupe et l'érection de la confrérie de Notre-Dame des Sept-Douleurs eurent lieu le 4 juillet 1841, au milieu d'une foule compacte et recueillie. Étaient présents : MM. Bayard, curé-doyen de Fauquembergues ; Lenglet, curé-doyen de Dohem ; Gobert, prêtre

L'abbé Detœuf, aujourd'hui curé de Saint-Liévin, a travaillé aussi à l'embellissement de cette église. Par ses soins un beau chemin de croix décore ses murs et un dais fort remarquable fut acheté, à l'occasion de la visite pastorale que fit à Saint-Liévin Monseigneur Parisis, Évêque d'Arras, de Boulogne et de Saint-Omer, dans le courant de l'année 1853.

habitué à Fauquembergues; Desombre, curé d'Audincthun; Labhé, curé de Wismes; Labbe, vicaire de Thiembronne; François Crèvecœur, directeur du collége de Dohem.

CHAPITRE VI.

PÈLERINAGE ET NEUVAINE EN L'HONNEUR DE SAINT LIÉVIN. — MARINS DE BERCK, PRÈS DE MONTREUIL, DE CALAIS, D'ÉTAPLES ET DE BOULOGNE-SUR-MER.

> *Imperavit ventis et maris et facta est tranquillitas magna.*
> (MATTH., c. 8, v. 26.)
> Il commanda aux vents et à la mer, et il se fit un grand calme.

C'est avec vérité que nous pouvons nous écrier avec la légende du bréviaire de Gand : « Elle est belle, elle est religieuse, cette solennité par laquelle nous célébrons la passion du bienheureux Liévin (1); nous ajouterons : elle est magnifique, imposante, cette fête de saint Liévin, quand, le 28 juin et les jours suivants, de nombreux pèlerins se mettent dès la veille en marche de divers points du département pour ve-

---

(1) Religiosa solemnitas qua passionem beati martyris Livini celebramus. (*Bréviaire de Gand*, office propre de saint Liévin.)

nir honorer l'illustre Archevêque martyr, dans son oratoire à Merck-Saint-Liévin. Alors on se croirait au dix-septième siècle, temps de la domination espagnole, où les processions et les rendez-vous pieux étaient le plus en vogue (1).

Pendant toute la neuvaine les ecclésiastiques voisins, dès l'aube du jour, viennent, accompagnés de leurs ouailles, célébrer la sainte messe sur l'autel où repose la relique du saint apôtre de la Flandre, afin d'implorer sa protection pour leurs paroissiens, leurs parents, leurs amis et pour eux-mêmes. Cette affluence de monde redouble encore le dimanche de l'octave. Ouverte dès trois heures du matin, l'église se voit assaillie par un flux et un reflux continuel de nombreux pèlerins qui viennent accomplir un vœu ou chercher quelques consolations. D'après le R. P. Leclercq, on en compta un jour plus de douze mille, « tant est grande, dit ce religieux, la dévotion et affection que toutes nations voisines ont et témoignent pour cet illustre martyr de la foi. »

La confiance en ce saint Archevêque d'Écosse, ajoute un auteur moderne (2), est illimitée, générale, et les miracles qu'on en cite sont nombreux; on l'in-

---

(1) H. Piers, correspondant du ministère de l'instruction publique, *Variétés historiques*.

(2) R. D. Bertrand, de Dunkerque, membre de plusieurs sociétés savantes.

voque particulièrement quand les malades sont abandonnés des médecins, et qu'il ne reste plus d'espérance de vie (1), ayant éprouvé, dirons-nous encore avec le R. P. Ribadeneira, que Dieu a donné guérison miraculeuse, par l'intercession de ce saint (2). »

Aussi, comme gage de guérisons extraordinaires, des ex-voto surchargent les murs de la chapelle du glorieux martyr. Ce sont des cœurs d'argent, de cire, des chaînes d'or, des tableaux, de petits navires, une lampe d'église argentée et des chandeliers également argentés. On y remarque principalement le portrait en pied de saint Liévin, patron spécial des matelots boulonnais (3), secourant de malheureux naufragés qui le réclament en mer. Ce tableau nous a été offert, en 1836, par les marins de Boulogne, comme marque de leur reconnaissance pour les heureux effets qu'ils ont ressentis de sa protection puissante.

Ces braves marins, à la foi ardente, ainsi que ceux de Berck-lez-Montreuil et de Calais, ces derniers plus rares cependant, viennent chaque année, quelques-uns nu-pieds, rendre des actions de grâce, pour une heureuse délivrance ou un fait miraculeux : aussi

---

(1) H. Piers, *Variétés historiques*.

(2) R. P. Ribadeneira, *Fleurs de la vie des saints*.

(3) Henri de Laplane, ancien député, *les Matelots boulonnais à Merck-Saint-Liévin*, 1850, et *l'Église de Fauquembergues*, p. 7, 1854.

c'est chose sacrée pour eux que le pèlerinage de Saint-Liévin (1), tant la reconnaissance se met facilement au cœur de l'homme qui n'a reçu que des bienfaits. « Finalement les narrations des cures procurées par les mérites de ce saint sont réellement merveilleuses (2), » notamment sur des personnes de Lille, de Bergues près de Dunkerque, d'Arras et d'Hesdin (3).

En effet, nous avons entendu des pèlerins nous certifier avoir obtenu l'objet de leurs vœux par l'intercession du glorieux Liévin, dans les situations les plus critiques comme les plus désespérées de la vie. Pour l'obtention d'une grâce de ce genre, une dame du haut rang dont le nom nous est resté inconnu a déposé un jour deux cents francs dans le tronc de la chapelle : nous lui témoignons ici hautement toute notre reconnaissance.

Une autre fois une béquille y a été laissée par un infirme, comme preuve de sa guérison miraculeuse, ainsi qu'un portrait de femme apporté de Lille par son mari, enfin un médaillon en argent sur lequel on voit une oreille gravée et cette légende : « Le capitaine du Fourny, de Boulogne, ayant recouvré l'ouïe miraculeusement. » C'est à la suite de cette guérison que les

---

(1) R. D. Bertrand, de Dunkerque, *Pèlerinage de saint Liévin*.

(2) H. Piers, *Variétés historiques*, 1843.

(3) Le R. P. Leclercq.

reconnaissants marins de Boulogne promirent une belle bannière en soie cramoisie avec franges d'or, sur laquelle est représentée l'image de saint Liévin et que mon successeur reçut l'année suivante.

Écoutons maintenant un témoin oculaire qui lui aussi est venu assister à la fête de saint Liévin, c'était le 28 juin 1849. Ce jour, M. H. de Laplane, ancien député, inspecteur des monuments historiques, membre de la société royale numismatique de Londres, de l'académie royale de Madrid, etc., etc., écrivait ainsi sous l'impression de ce qu'il avait vu :

« Vers le milieu de la semaine dernière, la commune de Merck-Saint-Liévin, près Fauquembergues, a vu se renouveler une pieuse cérémonie toujours intéressante.

« De temps immémorial, les marins de Boulogne, cette population énergique, restée stationnaire dans ses usages, ses mœurs et sa foi, ont toujours eu la plus grande confiance en saint Liévin, patron des matelots; depuis bien des siècles, ils ont conçu et religieusement mis à exécution la pieuse pensée de venir, chaque année, déposer au pied de l'autel spécialement consacré à ce saint Archevêque, leurs prières, leurs vœux, leurs douleurs, leurs offrandes, leurs misères, leurs espérances. Souvent ils ont ressenti les consolations les plus efficaces, grâce à l'intercession du bienheureux Pontife, dont ils se plaisent à publier la grandeur..........

« On voit dans cette église grand nombre d'*ex-voto*, signes commémoratifs et non suspects d'une protection spéciale ; ses murs en pierres blanches, sa flèche majestueuse et élancée portent encore les noms de quelques milliers de personnes qui, depuis plusieurs siècles, sont venues à Saint-Liévin accomplir un religieux devoir. C'est avec intérêt que nous avons entendu de jeunes et courageux marins raconter les témoignages qu'ils ont à invoquer en faveur de la dévotion qui annuellement les amène dans la modeste commune qui porte le nom et garde précieusement la relique vénérée de leur saint protecteur. Ces témoignages, hautement exprimés, sont héréditairement transmis et conservés par eux, comme un souvenir de famille.....

« Jeudi dernier, 28 juin, par un temps admirable, le tintement de la cloche du matin appelait les habitants de la paroisse de Saint-Liévin, et ceux des environs, à la neuvaine annuelle. Déjà les rues, les places, les maisons, l'église, ses alentours, se remplissaient de pèlerins boulonnais, de tout âge, de tout sexe ; hommes, femmes, enfants, vieillards, arrivés processionnellement, quelques-uns même nu-pieds, jusqu'à l'autel du saint qu'ils venaient invoquer. C'était un spectacle touchant et curieux à la fois de voir cette nombreuse légion de matelots, de matelottes, assister en foule aux offices avec le plus grand recueillement. C'était une attachante cérémonie que celle qui attirait aux pieds de l'autel une multitude de veuves et d'orphelins de la mer, portant pour la plupart la bannière du deuil, leurs enfants sur les bras, la figure flétrie par le chagrin, les larmes aux yeux, la prière sur les lèvres décolorées, mais la confiance dans l'âme ; et de les voir ainsi solliciter à genoux, pour eux, la bénédiction sacerdotale en présence de l'image *de leur grand saint*, l'implorant pour leur père, leur frère, leur époux, leur ami, au moment où ceux-ci devront tenter de nouveau les hasards de l'océan. Voilà ce que nous avons vu, voilà ce que nous avons entendu (1)... Toute la journée s'est passée, pour les pèlerins, dans la prière et le recueillement. »

Ce récit, en tout point conforme à la vérité, suggère bien des réflexions : on ne peut se défendre d'une émotion toute naturelle à la vue d'un si touchant spectacle, qui contraste singulièrement avec les incroyables idées si audacieusement émises par nos modernes novateurs.

---

(1) L'année 1855, à cause de la guerre de Crimée, vit revenir aussi nombreux à Saint-Liévin les marins de Boulogne et les pèlerins de tous les pays circonvoisins. On ne pouvait passer sur la place de Merck, tant était grande la foule. Le dimanche de la neuvaine, l'église n'a pas désempli jusque presque dans la nuit.

CHAPITRE VII.

LES MATELOTS BOULONNAIS A MERCK-SAINT-LIÉVIN, 28 JUIN 1850.

> *Omnia quæcumque orantes petitis, credite quia accipietis, et evenient vobis.* (MARC, c. 11, v. 24.)
>
> Tout ce que vous demanderez en priant, croyez que vous le recevrez, et il vous sera accordé.

L'année suivante, cet écrivain habile, foulant aux pieds les préjugés de notre siècle, a répété sa pieuse visite à saint Liévin, et de nouveau a consacré une page bien belle, en l'honneur de notre martyr écossais. « Deux fois, dit M. H. de Laplane, nous avons pu jouir de l'intéressant tableau offert par le pèlerinage de saint Liévin. En 1849, le coup d'œil était plus sombre : la population de Boulogne, surtout la classe des marins, avait payé son trop large tribut à l'horrible épidémie qui, après avoir désolé Paris, n'avait pas épargné la province ; le nombre des victimes du fléau avait augmenté, pour ainsi dire, le nombre des pèlerins, la frayeur avait accru le chiffre des visiteurs ; presque tous veufs, veuves, ou orphelins, portant la bannière du deuil, le cœur brisé, leurs enfants sur les bras, les larmes aux yeux, le teint décoloré, la figure flétrie par le chagrin, venaient à l'autel puiser des consolations pour le passé, et l'espérance pour l'avenir ; moins nombreuse en 1850, à cause du récent départ d'un grand nombre de jeunes marins, la colonie boulonnaise ne laissait pas toutefois d'être imposante. »

Le 28 juin, veille de saint Pierre, avant-dernier jour de la neuvaine en l'honneur de saint Liévin, vers les trois heures de l'après-midi, par un temps orageux et une étouffante chaleur, arrivait, jambes et pieds nus, la pieuse avant-garde des matelots et de leurs compagnes, composée de plus de vingt-cinq personnes, venant directement de Boulogne, après avoir parcouru, en 7 heures, une distance de plus de 45 kilomètres, dans des chemins recouverts de silex broyé ou hérissés de ronces et d'épines. Plusieurs de ces voyageurs avaient les pieds enflés, meurtris ou déchirés; d'autres montraient visiblement l'empreinte d'une excessive fatigue ; tous portaient sur le dos, au moyen d'une lanière appliquée sur la poitrine, leur filet au poisson, appelé vulgairement *ferrier*, renfermant, cette fois, les hardes nécessaires à la toilette du lendemain, quelques menues provisions de bouche et différents objets tels que des petits bateaux, des tableaux, etc., destinés à être offerts à saint Liévin, ou bénits sur son autel. Avant de se décharger de son fardeau, chaque pèlerine allait s'agenouiller dans le cimetière et prier devant le calvaire ; puis elle faisait humblement le tour extérieur de l'église, la tête baissée, les mains jointes, le chapelet au poing, et elle entrait ensuite dans le temple, s'avançant silencieusement jusqu'à l'entrée du sanctuaire, où, dans le recueillement de sa conscience, elle confiait à l'Éternel les motifs de son pieux voyage. Peu à peu réunie à ses compagnes, elle allait prendre quelque repos, en attendant la venue de ceux qui ne devaient pas tarder à imiter son exemple.

Chaque heure du jour voyait de nouveaux arrivants. La chapelle de Saint-Liévin, tapissée par de nombreux *ex-voto*, et la relique renfermée dans un bras d'argent(1) avaient toujours leur première visite.

Le lendemain 29, de très-grand matin, six chariots surchargés déposaient encore des familles de marins, entassés les uns sur les autres : c'étaient ceux qui n'avaient pu, à cause de leur âge ou de leurs infirmités, entreprendre à pied cette pérégrination. A 7 heures, la cloche suspendue au haut de la blanche tour appelait les fidèles à l'office divin ; les maisons, les places, les rues, les alentours de l'église et du presbytère étaient envahis par les pèlerins, les visiteurs, puis encore par ces nomades étalagistes qui affluent partout où il se

---

(1) Une partie des précieux restes de saint Liévin est renfermée dans un reliquaire argenté, ayant la forme d'un bras, et placée sous verre dans le tabernacle de l'autel de Saint-Liévin.

rencontre la plus minime spéculation à faire, le moindre bénéfice à réaliser sur la bourse d'autrui. Le village avait alors un air de fête, jamais il ne fut plus vivant, plus animé. La jeunesse locale, étrangère au mouvement religieux qui s'opérait autour d'elle, recherchait naturellement les plaisirs de son âge ; mais, par un motif plus sérieux, les pèlerins attendaient les consolations qu'ils étaient venus solliciter. On pouvait facilement lire sur les physionomies les sentiments divers qui animaient les assistants ; spectacle curieux pour un observateur, il pouvait là faire une étude pratique des mouvements variés qui, selon les circonstances, agitent le cœur humain, il lui était facile de se procurer à peu de frais l'intéressant tableau des impressions et de la mobilité inséparables de notre fragile nature.

Mais au milieu de l'animation de la fête et des préoccupations qui se peignaient sur les visages, un instant les yeux attentifs se sont instinctivement portés sur le même point. Parmi les pèlerins fiers de se montrer religieux et heureux d'accomplir un pieux devoir, on distinguait les deux frères Wadoux, énergiques marins boulonnais (1), qui semblent n'avoir échappé aux périls de la guerre et des flots que pour venir montrer hautement leur respect pour la religion de leurs pères. L'un *(Louis)*, vieux débris de nos glorieuses armées

---

(1) On peut invoquer leur témoignage ; ils demeurent impasse du Calvaire, n° 6, à Boulogne-sur-Mer.

impériales, soldat de l'ancien 4ᵉ régiment d'artillerie de marine, plusieurs fois mutilé dans nos guerres d'Allemagne, à Lutzen, Bautzen, Dresde, Leipsick, etc., témoin de la gloire française qu'il chante encore avec bonheur, *Louis* est un serviteur fidèle de saint Liévin; chaque année, il vient en pèlerinage chercher un adoucissement à ses blessures. L'autre *(Nicolas-Antoine)*, pilote lamaneur, depuis longtemps connu par son philanthropique courage et son intrépidité à toute épreuve, a assisté à plus de quarante sauvetages ; il porte des signes non équivoques de son rare dévouement à ses semblables ; sept médailles en or ou en argent lui ont été décernées par les gouvernements de France et d'Angleterre, pour des actions d'éclat. Combien de fois, au péril de sa vie, Wadoux n'a-t-il pas disputé aux vagues mugissantes et l'équipage et le vaisseau prêts à s'abîmer sans retour?... Il était touchant de l'entendre raconter lui-même dans son expressif langage, en présence de nombreux auditeurs, ce que souvent il fallut de sang-froid, de persistance et d'audace pour arracher à la fureur des flots de malheureux naufragés. En attendant que l'étoile de l'honneur puisse briller sur sa noble et large poitrine, trois de ces médailles sont suspendues à sa boutonnière par des rubans aux couleurs nationales. Sur l'une on lit : Wadoux (Nicolas-Antoine), pilote lamaneur, courage et dévouement, pour avoir sauvé des personnes exposées à périr. 1834. — Sur une autre on distingue ces mots :

Reg. soc. hum. Nicolao Wadoux, vitam ob servatam Dono Dat 1833. Cette médaille porte la devise qui suit : « Hoc pretium cive servato tulit, lateat scintillula forsan. » Une troisième en or porte le millésime de 1840. Il serait superflu de rapporter les inscriptions mentionnées sur les autres ; elles sont relatives à des faits de même nature, toutes aussi honorables pour celui qui en est l'objet. Il suffit de les indiquer.

La présence du pilote Wadoux au milieu des pèlerins de Saint-Liévin a été saluée avec attendrissement ; elle a provoqué la réflexion suivante en un instant répétée par toutes les bouches : « *Ce brave marin expose chaque jour sa vie, sans crainte, pour ses semblables, il vient implorer aujourd'hui pour lui l'appui du saint protecteur des mers….. »*

Au milieu de la gaieté des uns et de la confiance des autres, les matelottes et les matelots passent la journée dans le repos et le recueillement ; vivant pour ainsi dire entre eux, sans se mêler à ceux qui les environnent, ils assistent à tous les offices, qui durent plusieurs heures, brûlent de nombreuses chandelles devant l'image de saint Liévin, dont ils se plaisent à publier les miracles, assiégent la maison curiale pour y demander des messes ; rarement ils s'éloignent des alentours de l'église, où souvent ils vont prier en secret. Ils prennent d'austères repas : qui ne connaît la frugalité du pêcheur? Buvant presque toujours de l'eau, il se borne au plus simple potage, accompagné d'un morceau de pain et d'un petit fragment de poisson salé, tel que du *chien de mer* recouvert de poivre, séché au soleil et passé sur la braise, dans le genre du *stoffchets*, si recherché des Hollandais. Leur lit n'est guère plus confortable, il remplace à peine le hamac de la mer ; ils couchent dans un grenier, quelquefois sur la planche, la paille ou sur les plus modestes grabats.

Mais l'heure s'avance, la journée va finir : le 29 juin au soir, après la dernière prière et une touchante allocution de circonstance prononcée par M. l'abbé Robert, curé de la paroisse, le pèlerinage touche à son terme, la mission est accomplie, il faut penser au retour. Chaque pèlerine s'empresse alors de baiser une fois de plus la relique du *bras d'argent*, de présenter à la bénédiction du prêtre les objets qu'elle veut emporter ; elle achète des médailles du saint (1), arrache

---

(1) Ces médailles, frappées en cuivre et en argent, portent d'un côté la figure de saint Liévin, la croix archiépiscopale d'une main et une tenaille de l'autre ; sur le revers, l'image de Notre-Dame des Sept-Douleurs. L'excellent abbé Fréchon, chanoine d'Arras, ex-représentant, enlevé si tôt à la science et à ses nombreux amis, m'a dit posséder alors dans sa riche collection de monnaie, une médaille en cuivre de saint Liévin, très-antique, estompée et soufflée, qui avait été trouvée dans l'ancien enclos des sœurs Grises, au Vieil-Hesdin, en 1850. Le Saint y est représenté sans barbe, mitre en tête, la croix d'archevêque d'une main, de l'autre une pince de maréchal.

furtivement quelques parcelles aux statues du Christ, de la Vierge et de saint Jean, qui forment le calvaire placé dans le champ funèbre au dehors de l'église; elle se munit d'un petit livre (1) rappelant les principaux traits de la vie du bienheureux Archevêque, patron des marins, pour conserver soigneusement dans sa demeure des souvenirs de sa pieuse excursion. Puis, après avoir pris congé du ministre de Dieu et avoir obtenu sa bénédiction, les groupes de matelots reprennent successivement, comme ils sont venus, la route de Boulogne. A leur retour une fête de famille attend les joyeux pèlerins ; ceux qui, à cause de la dépense (2) ou pour tout autre motif, n'ont pas eu le bonheur d'aller invoquer le *grand saint* sur les lieux plus spécialement placés sous sa protection, vont à la rencontre de leurs parents, de leurs amis, plus favorisés qu'eux; ils les accueillent avec joie, les embrassent avec effusion, leur adressent des félicitations, et pour

---

(1) *Vie abrégée de saint Liévin, Évéque écossais et martyr*, récemment publiée, par M. l'abbé Robert, auteur de plusieurs ouvrages et curé de Merck-Saint-Liévin.

(2) Nous avons acquis la preuve que si ce n'était pas la dépense, le nombre des pèlerins serait infiniment plus considérable; il serait à désirer que l'administration municipale de Saint-Liévin pût alléger les charges des matelots pèlerins en leur assurant des logements, etc., etc. La commune ne serait-elle pas amplement dédommagée de ce léger et généreux sacrifice?

participer, autant qu'il est en eux, aux pieux bénéfices du pèlerinage, ils ont le soin d'embellir de fleurs la demeure des absents, qui ont bien voulu les suppléer et porter pour eux à l'autel de saint Liévin l'expression de leurs sentiments et de leurs vœux. Souvent encore, s'il faut en croire l'affirmation qui nous en a été donnée, une nappe garnie de roses, appelée *cortène* ou *cortaine*, est suspendue, en signe d'allégresse, au-dessus de la porte d'entrée de chaque voyageur. Au moment de son arrivée la satisfaction règne dans tous les cœurs... Les lignes que nous traçons contiennent dans toute leur exactitude ce dont nous avons pu nous assurer *de visu*, il y a peu de jours, ou ce que nous avons recueilli de la bouche désintéressée des marins eux-mêmes.

Simple narrateur du pèlerinage des matelots boulonnais, nous avons cru qu'il ne serait peut-être pas sans intérêt de reproduire quelques usages peu connus de cette population à part, souvent incomprise, qui seule reste stationnaire dans ses coutumes, ses mœurs et sa foi, lorsque tout s'ébranle autour d'elle. Religieux autant que braves, au milieu des commotions des empires, ces indomptables navigateurs sont fidèles aux traditions de leurs pères ; hommes d'honneur, de courage, de dévouement, ils savent conserver intacte dans leur famille cette devise gravée dans tous les cœurs vraiment français et dont l'application seule peut assurer le bonheur de la France : Dieu et patrie.

Honneur aux matelots boulonnais !!! Et nous, nous ajouterons : honneur à l'écrivain distingué qui a consacré à saint Liévin une si brillante page, après avoir lui-même visité le sanctuaire du glorieux martyr (1).

(1) « M. Berger de Xivrey, de l'Institut impérial de France, dans son rapport à l'académie des inscriptions et belles-lettres, au nom de la commission des antiquités de la France, lu dans les séances des 10 et 17 août 1855, cite le *Pèlerinage des matelots boulonnais à Merck-Saint-Liévin*, par M. H. de Laplane, à la suite d'une mention très-honorable donnée à l'auteur. Paris, typographie de Firmin Didot frères, 1855. »

CHAPITRE VIII.

MIRACLES OPÉRÉS PAR L'INTERCESSION DE SAINT LIÉVIN EN FAVEUR DE CEUX QUI SONT VENUS L'IMPLORER DANS SON SANCTUAIRE, OU QUI, PARTOUT AILLEURS, ONT RÉCLAMÉ SA PROTECTION.

> *Et scitote quoniam mirificavit Dominus sanctum suum.*
> (Ps. 4, v. 4.)
> Maintenant voyez combien Dieu a glorifié son saint.

Elles sont donc nobles et touchantes, ces pérégrinations pieuses que des esprits sages, des âmes naïves et élevées ne cessent de redemander ! Le temps des préjugés est passé, et aujourd'hui que la société a été à deux doigts de sa perte, elle repousse avec dédain ce qu'autrefois un faux orgueil appelait progrès de la civilisation, pour revenir aux saintes pratiques de la religion catholique, apostolique et romaine. Nos ancêtres l'avaient bien compris, ils ne voyaient le bonheur que dans l'accomplissement des devoirs religieux. Aucun article alors n'était révoqué en doute, personne ne raisonnait, on admirait et tout le monde était heureux.

Faut-il s'étonner maintenant si le culte de saint Liévin avait tant de retentissement dans nos anciennes provinces, avant l'époque si fatalement régénératrice de 1793. Alors dans la Flandre, l'Artois, le Hainaut et le Cambrésis, il n'était point de villes, de bourgs, de villages, de hameaux si reculés qui n'eussent entendu parler du saint Archevêque écossais, dont le front rayonne, selon l'expression d'un de nos savants collègues, de la triple auréole d'Évêque, de poëte et de martyr (1).

Des milliers de pèlerins, avons-nous dit, venaient alors chaque année de toute part visiter son oratoire à Merck-Saint-Liévin, tant il est vrai de répéter ici qu'il y a toujours de la poésie dans une grande réunion d'hommes accomplissant un vœu religieux (2),

(1) M. Lamort, curé-doyen d'Oisy, chanoine d'Arras, membre de plusieurs sociétés savantes, dans son discours prononcé au Congrès scientifique de France, à Arras, 1853. Arrivé trop tard à cette séance, nous avons regretté vivement de n'avoir pu aussi, comme notre honorable confrère, payer un tribut solennel d'hommage et de vénération à la mémoire du grand apôtre de la Flandre.

(2) La cathédrale de Saint-Omer possède une très-petite parcelle de la relique de saint Liévin, enchâssée qu'elle est dans la statue de ce saint qui repose sur un pilier, près de l'autel de Notre-Dame des Miracles. Elle existe aussi dans l'église d'Havrincourt, ancien diocèse de Cambrai, placée près d'un autel érigé en l'honneur du saint, où on le voit

attirés, sans doute, par les miracles nombreux qu'ils avaient entendus rapporter touchant l'illustre patron de cette paroisse si privilégiée.

Cependant, tous ces faits prodigieux de saint Liévin ne sont pas intégralement parvenus jusqu'à nous, soit qu'on s'en prenne à la négligence des contemporains, peu soucieux de les faire connaître à la postérité, soit encore à la malice des ennemis de la religion, qui, à la suite des commotions politiques, auraient livré aux flammes la plupart de nos archives, ou supprimé des légendes, des récits, comme *trop miraculeux*, choquant les esprits philosophiques, pour dérober les merveilles qu'ont en tout temps opérées les vrais serviteurs de Dieu.

Néanmoins nous allons donner ici les miracles divers attribués à notre saint, miracles que nous avons trouvés dans plusieurs auteurs, ou qui nous ont été rapportés par des témoins oculaires, sans toutefois les faire passer pour des faits absolument surnaturels. Beaucoup cependant ont tous les caractères désirables d'authenticité, et pourraient à la rigueur subir les investigations d'une critique judicieuse et éclairée. Mais

---

représenté en pied sur un grand tableau qui domine le tabernacle. En Belgique, dans l'église de Saint-Martin d'Ipres, nous avons remarqué sa statue, ainsi qu'à Saint-Wulfran à Abbeville, et dans une niche à l'extérieur, sur la cathédrale d'Amiens.

sur une question si grave, nous savons qu'on ne doit point publier comme de vrais miracles les effets les plus surprenants, jusqu'à ce que l'autorité du Saint-Siége, ou l'approbation de l'ordinaire, les ait déclarés tels. Ainsi, comme la plupart des événements que je vais rapporter ne sont reconnus pour miraculeux que par la seule voix publique, ou par quelques pieux légendaires, je déclare que je soumets en toute humilité, et avec le plus grand respect, le jugement à qui il appartient.

Le R. P. Leclercq nous assure que des parents chrétiens ayant eu la douleur de perdre un de leurs enfants sans avoir été baptisé, sont venus à Merck-Saint-Liévin apporter le corps inanimé de leur malheureux fils, auquel bientôt la vie fut rendue d'une manière miraculeuse, après une invocation au glorieux martyr.

Un autre enfant de la ville de Bergues, département du Nord, mort dès sa naissance à la suite d'une opération césarienne, fut transporté par son père dans l'église du saint. Placé par lui sur l'autel, à la suite d'un bien vif sentiment de foi joint à une prière ardente, il eut le bonheur ineffable de voir son enfant donner immédiatement quelques signes de vie, et fut baptisé à l'instant même par le curé de la paroisse (1).

(1) R. de Bertrand, *Dévotions populaires dans l'arrondissement de Dunkerque*, p. 13, 1854.

Saint Augustin, dans un de ses admirables discours, rapporte un fait absolument semblable touchant un enfant rappelé ainsi miraculeusement à la vie, par l'intercession de saint Etienne, et auquel on administra ensuite le sacrement de baptême.

Des malades réduits à la dernière extrémité, par là même abandonnés des médecins, ont, contre toute attente, recouvré la santé par l'intercession de saint Liévin. Ainsi, le greffier de Flines, près du bourg de Roches, ou de Saint-Léonard, qu'on crut mort, ayant été enseveli l'espace de douze heures, revint à la vie, grâce aux ferventes prières de ses parents adressées au saint Archevêque d'Ecosse. Cette personne ainsi sauvée vint elle-même remercier son bienfaiteur, lui offrit le suaire qui l'avait enveloppé, après l'avoir déposé sur l'autel de saint Liévin, comme gage de son éternelle reconnaissance.

Un marchand de Lille, guéri miraculeusement par l'intercession du même saint, offrit à sa chapelle un bel ornement en damas rouge, garni de franges d'or, estimé six cents florins. Ce fut celui dont se servit le R. P. Malbrancq, lorsqu'il vint officier à Merck, ainsi que nous l'avons rapporté plus haut.

Un orfèvre d'Arras, toujours d'après le R. P. Leclercq, est venu dans cette paroisse témoigner toute sa reconnaissance au glorieux libérateur de sa fille, qui, tirant de l'eau à un puits très-profond, avait été entraînée par le seau. Mais retenue miraculeusement au-dessus de l'abîme, à la suite de la protection visible de saint Liévin, qu'elle invoqua dans sa chute, elle fut assez heureuse pour en être retirée saine et sauve par l'auteur de ses jours, accouru à ses cris perçants. Nous savons, par les archives de la fabrique, que maître Michel Hanotel, alors curé de Saint-Liévin, reçut cette déposition de la bouche même du père de la jeune personne. Wallérand Soud, d'Hesdin, parent de ce vénérable ecclésiastique, fut un jour enseveli sous un banc de sable. Ceux qui l'accompagnaient se jetèrent aussitôt à genoux, pour invoquer le saint Evêque martyr, en le priant de préserver de la mort leur infortuné maître. Ils se hâtèrent en même temps de déblayer le sable sous lequel il était englouti, mais ils ne ramassèrent qu'un cadavre à la face livide et couverte de sang. A peine cependant fut-il déposé à terre qu'il donna quelques signes de vie, rappelée ainsi par l'invocation de saint Liévin, qu'il vint ensuite remercier dans son oratoire, pour une aussi heureuse délivrance.

Vers le commencement du dix-septième siècle, Charles Boscart, imprimeur à Saint-Omer, éprouva aussi visiblement la protection de notre saint, par suite d'un pèlerinage que ses parents vinrent faire à Merck-Saint-Liévin.

Dans le diocèse de Cambrai, vers l'an 1770, messire Charles-Gabriel-Dominique de Cardevacq, bailli d'Havrincourt, chevalier de Malte, de l'ordre militaire de Saint-Louis, maréchal de camp, etc , fit vœu de bâtir sur le territoire d'Havrincourt une chapelle en l'honneur de saint Liévin, si, par l'intercession de ce saint, Dieu lui rendait la santé. Subitement guéri à la suite de cette promesse, le gentilhomme reconnaissant érigea, en effet, cette chapelle, aujourd'hui encore l'objet d'un pèlerinage très-suivi, au 12 novembre de chaque année.

Détruite pendant la révolution, la chapelle de saint Liévin fut rétablie en 1807. « On raconte que les particuliers qui avaient acheté les pierres de la première chapelle s'en étaient servis pour bâtir un four, mais que le pain n'a cui dans ce four, *au dire de tout le village*, que lorsqu'ils eurent élevé un autre oratoire au même endroit, toujours sous le vocable du glorieux martyr (1). »

C'est bien longtemps avant cette époque, nous voulons dire à l'an 1601, que se rattache maintenant un événement extraordinaire qui fit alors grand bruit, et mit toute la ville de Saint-Omer en émoi. Nous laissons au chroniqueur Hendricq le soin de le rapporter dans ses détails et comme témoin oculaire, donnant ce fait *comme certain, comme véritable*. M. Eudes, juge au tribunal de Saint-Omer, le cite également dans les *Mémoires des Antiquaires de la Morinie*, comme ta-

---

(1) M. Reyt, chanoine d'Arras, curé-doyen d'Havrincourt, lettre du 4 janvier 1855.

bleau de mœurs à cette époque déjà éloignée de nous (1).

« Il y avait à Saint-Omer, dit Hendricq, rue des Cuisinières, une maison appartenant aux héritiers de Jérôme Ricart, aujourd'hui n° 11, et attenante à l'*Homme - Sauvage*, n° 13, qui était depuis longtemps diffamée et décriée pour les esprits et fantômes qui y revenaient de nuit, de sorte que personne ne voulait la louer. Nonobstant cela, un esprit fort du temps, Martin Fontaine, cuisinier, se décida à la prendre en location. A peine neuf mois furent-ils écoulés dans ce domicile, que la veille du Vendredi-Saint un bruit étrange porta l'alarme au logis ; la servante, la veille de Quasimodo, fut effrayée par l'apparition d'un ancien homme vêtu de blanc. Un religieux cordelier, frère Lain, envoyé par M. le curé de Sainte-Aldegonde à la maison du cuisinier, et à sa prière, vint un dimanche faire les prières usitées en pareille occurrence. Arrivée dans une chambre, la domestique épouvantée reconnut l'homme vêtu de blanc, et force à lui de se faire connaître, il répondit au Cordelier qu'il était un vieux villageois, mort subitement dans cette maison, il y avait trente ans, et qu'il sommait cette fille d'aller pour lui en pèlerinage à Saint-Liévin et d'y faire célébrer une messe.

(1). *Mémoires des Antiquaires de la Morinie,* 2ᵉ vol., 2ᵉ partie, page 126 ; 1834.

Elle se mit donc en route, accompagnée de ses quatre frères, pour le village de Merck-Saint-Liévin, où elle fit offrir le saint sacrifice en déposant son offrande au saint. Là l'ancien homme lui apparut, mais c'était pour lui annoncer qu'il allait jouir du séjour des bienheureux. Depuis lors tout le monde du logis fut fort tranquille. »

Ce fait viendrait donc à l'appui de ce qu'écrivit le R. P. Leclercq dans sa légende sur le saint Prélat, édition de 1651, « que son église, à Merck, est beaucoup fréquentée pour être délivrée des esprits qui paraissent et molestent les familles, pour les délivrer des peines dont ils sont reliquataires et souffrent en purgatoire. »

Enfin nous citerons du même historien le prodige rapporté par M. Harbaville, dont nous avons déjà parlé, lors de la prise de Merck-Saint-Liévin par les Français, pendant le siége de la ville de Renty.

Les Français s'étaient emparés de l'église de Saint-Liévin, alors sous la domination espagnole, où les habitants avaient en partie cherché un refuge, pour échapper aux mains de l'ennemi. Plus de cinquante d'entre eux s'étaient fortifiés au haut de la tour. Forcés de périr par le fer ou le feu, ces malheureux, pour échapper à ces deux alternatives, invoquèrent saint Liévin et s'élancèrent du haut de la galerie dans le cimetière, où ils tombèrent sains et saufs *comme sur de la laine.*

Nous rapportons ainsi pieusement la plupart de ces grâces qu'ont reçues les serviteurs du saint martyr, comme des bienfaits singuliers de la bonté de Dieu, qui, selon un célèbre docteur, fait agir les causes secondes pour les besoins des hommes quand et comment il lui plaît, pour attester la sainteté de ses élus ou légitimer le culte d'hommage qu'on leur rend pendant leur vie, comme après leur mort.

CHAPITRE IX.

SUITE DES MIRACLES OPÉRÉS PAR SAINT LIÉVIN.

> *Fecit illum Dominus crescere in plebem suam.*
> Ps.
>
> Le Seigneur fit grandir au milieu de son peuple la mémoire de son serviteur.

Aux faits si prodigieux que nous venons de rapporter, nous en ajouterons d'autres non moins étonnants donnés pour authentiques à notre prédécesseur (1) comme à nous, qui avons administré la paroisse de Merck-Saint-Liévin pendant l'espace de quinze ans environ.

C'était l'an 1818, Sylvie Helleboid, du Mont-Bernenchon, près de Robecq et de Saint-Venant, épuisée par une longue maladie « *accompagnée d'une tristesse qui la faisait souvent pleurer,* » regardée comme morte, après avoir été administrée des derniers sacrements, recouvra tout à coup la santé par l'invoca-

___
(1) Mon prédécesseur, M. Ivain, exerça le saint ministère dans cette paroisse pendant trente ans.

tion de saint Liévin, après lui avoir fait la promesse de venir en pèlerinage dans son oratoire, ce qu'elle exécuta bientôt en personne. M. Fumery, curé de Mont-Bernenchon, reconnaissant là le doigt de Dieu, écrivit à cette occasion à M. Ivain, « qu'il avait regardé comme impossible pour la malade, de faire le voyage de Saint-Liévin, et qu'il pouvait y avoir guérison extraordinaire par l'intercession de ce saint. »

Dame Félicité, née Frion, à Saint-Martin-d'Hardinghem, ancienne religieuse du Soleil, à Saint-Omer, m'a certifié, conformément au témoignage de plusieurs autres témoins oculaires très-dignes de foi, avoir vu une jeune personne infirme apportée par son père, dans la chapelle de Saint-Liévin, à l'issue d'une messe dite à son intention, et après avoir reçu le corps adorable de Celui qui a dit au paralytique : *Levez-vous et marchez*, cette jeune fille sortit de l'église, allant à côté de son père et parfaitement guérie, rendant mille actions de grâces à son libérateur.

MM. Aimable Caron, Jacques Hermant et Antoine Alloy, tous propriétaires à Merck-Saint-Liévin, m'ont certifié avoir vu aussi un affligé venir à béquilles *servir saint Liévin*, et que, guéri miraculeusement par son intercession, il a déposé dans sa chapelle ladite béquille, qu'on y voit encore aujourd'hui suspendue, en signe de sa guérison extraordinaire.

Le nommé Bournonville de Séninghem, canonnier de la jeune garde impériale, pendant l'expédition si désastreuse de l'Espagne, sous l'Empire, vit tomber sous le feu meurtrier des batteries ennemies des milliers de camarades; lui-même, réduit à la dernière extrémité au milieu des ravages de la mort, m'assura n'avoir dû la conservation de sa vie qu'à l'invocation quotidienne de saint Liévin, porteur qu'il était, en outre, de la médaille du glorieux martyr.

Ainsi que nous l'avons dit, on voit encore dans son oratoire un médaillon en argent, sur lequel sont gravés une oreille et ces mots : « Le capitaine du Fourny. » Cet *ex-voto* m'a été donné par sa sœur, en hommage de la guérison de ce brave marin, qu'il n'obtint qu'à la suite d'un pèlerinage fait pour lui, comme me l'a certifié de nouveau cette dame, épouse de M. Sauvage, lieutenant ou garde du port de Boulogne, dans une visite que je lui fis, en novembre 1854.

Nous avons encore également reçu le portrait d'une dame de Lille, offert à saint Liévin par son mari, en reconnaissance de la santé qu'il m'assura lui être rendue, comme par miracle, à la suite d'un vœu fait à ce saint, n'attendant plus rien de son épouse, abandonnée qu'elle était des médecins.

Une conservation non moins prodigieuse, et qui nous prouve à l'évidence la puissance de notre saint patron près de Dieu, lorsqu'il est invoqué avec foi, c'est un trait de l'expédition du Maroc, entreprise en 1844. Tanger et Mogador étaient le point de mire de notre escadre. Là, pour la première fois, de jeunes marins allaient recevoir le baptême de feu! De ces villes assiégées, les boulets, la mitraille vomissaient la mort sur nos intrépides Français. De leur côté, le canon sonnait sans relâche le glas funèbre dont l'écho répétait au loin l'agonie de ces malheureuses cités! Elles sont prises d'assaut le 23 juin, c'est-à-dire cinq jours avant la fête de saint Liévin. Un long tumulte d'armes et de cris de mort se mêle aux chants des vainqueurs, et nos braves soldats pénètrent au milieu d'une pluie de balles; on charge à la baïonnette, des monceaux de cadavres attestent que l'œuvre de la mort était accomplie : Français et Arabes avaient mêlé leur sang !

Là un jeune marin sur le *Jemmapes*, Ferdinand Caron, de Merck-Saint-Liévin, n'avait pas oublié le glorieux protecteur de son village; sa confiance fut récompensée. La mort frappe autour de lui; son compagnon est emporté d'un boulet de canon, mais *Caron*, placé sous l'égide du saint Archevêque, patron des marins, est miraculeusement sauvé, à la suite des prières qu'il lui adressa du fond de l'âme, ainsi qu'il me l'a attesté lors de son retour si heureux dans le foyer de ses pères.

Émélie Petit, de Maresquel, arrondissement de Montreuil, âgée de 36 ans, fille des feus Pierre et Elisabeth Ledoux, m'a certifié également, à la suite d'un pèlerinage qu'elle fit à saint Liévin, avoir recouvré la parole, le 28 juin 1848, privée qu'elle en avait été pendant sept ans. Vers la même époque, l'abbé Provin, ancien aumônier de l'hospice d'Aire, Pas-de-Calais, et depuis curé de Wicquinghem, canton d'Hucqueliers, m'a assuré qu'une dame de haut lieu, atteinte depuis longtemps d'une *maladie cruelle*, avait été parfaitement guérie par l'invocation de saint Liévin dans le courant de mars 1850. Dame Bernard, sœur de la Providence, à Fruges, est venue aussi à Merck prier dans la chapelle de l'Archevêque écossais. Elle m'a attesté qu'une petite fille de sa classe âgée de six ans, *avait été subitement guérie* à la suite d'une visite pieuse faite au saint par sa mère dans le courant de l'année précédente.

Enfin, dans le département de l'Aisne, allant de Vendhuile à Aubencheul-aux-Bois, non loin de Pienne, se trouve une croix de bois élevée sur un rideau, entouré lui-même d'une multitude d'autres petites croix dues à la dévotion des passants. Si vous consultez les gens du pays sur l'origne de ces croix, voici ce qu'ils répondent : « Nous avons toujours ouï dire à nos parents qu'un cultivateur de Vendhuile étant aux champs à labourer avec ses chevaux, ceux-ci prirent le mors aux dents et dans leur course désordonnée entraînèrent le malheureux laboureur. Celui-ci, se voyant perdu, supplia saint Liévin de le délivrer, promettant de lui faire ériger une chapelle à l'endroit même où ses chevaux s'arrêteraient. A peine eut-il fait cette prière, que ces animaux fougueux s'arrêtèrent d'eux-mêmes et restèrent dans l'immobilité la plus complète jusqu'à ce que le cultivateur fut débarrassé des harnais dans lesquels il était enchevêtré. Aussitôt après, son premier soin fut d'acquérir ce terrain et d'y faire bâtir une chapelle. »

Depuis une cinquantaine d'années, cet oratoire a été démoli, et reconstruit à environ une demi-lieue de là, dans un village nommé la Terrière. Alors on a planté la croix dont nous venons de parler, pour perpétuer le souvenir du miracle que saint Liévin a opéré en cet endroit; de nombreux pèlerins visitent encore journellement et cette croix et la chapelle du glorieux martyr (1).

1849 fut une année de deuil pour toute la France ; le choléra, ce fléau terrible, qui a pesé si impitoyablement sur nos villes et nos campagnes, a aussi sévi à Merck-Saint-Liévin. Comme tant d'autres, ce village sans doute devait avoir sa part dans ce châtiment que Dieu nous infligea dans sa miséricorde, afin d'attirer vers lui nos regards suppliants : en quelques jours huit victimes étaient descendues dans la tombe, et plus de cinquante atteintes simultanément de la suette, cet avant-coureur du terrible fléau. Nous nous empressâmes dans cette calamité commune de recourir à la protection de saint Liévin, notre glorieux patron. Une neuvaine solennelle fut annoncée, et pendant neuf jours, les

(1) Communiqué par un honorable habitant de Vendhuile.

fidèles se rendirent nombreux devant la châsse du saint martyr, près de laquelle nous offrîmes le saint sacrifice de la messe. Avec cette neuvaine cessa l'impitoyable fléau, pour ne plus reparaître dans la paroisse. Ce fut vers cette époque que M. l'abbé Fréchon, ancien professeur de théologie, membre de l'assemblée constituante, chanoine titulaire d'Arras, fit entendre, dans l'église de Merck-Saint-Liévin, un discours sur l'amour de Dieu et le culte rendu au saint Archevêque de la Flandre, avec ces paroles de feu qui dans sa bouche savaient si bien toucher les âmes et les convertir. Pourquoi la mort n'a-t-elle pas respecté l'une des gloires du Pas-de-Calais, l'orgueil d'Hesdin, sa ville natale, enlevé si vite à nos regrets comme à notre amour ?

Alors l'épidémie cruelle avait aussi fait ses ravages à Estaires, Merville, la Gorgue, et plusieurs de ces chrétiens d'élite m'ont assuré avoir ressenti les heureux effets de l'invocation de saint Liévin, qu'un grand nombre de ces pays viennent chaque année vénérer dans son sanctuaire.

En décembre 1849, j'ai trouvé sur l'autel du saint martyr, l'honoraire d'une messe avec une lettre anonyme très-bien écrite et dont voici quelques lignes : « Je prie M. le curé de vouloir bien dire une messe à mon intention, en l'honneur de saint Liévin, pour *la conservation d'une grâce obtenue dernièrement*, et en demander aussi deux autres. »

Le 10 juin 1850, je reçus cette intéressante déposition : « Je Auguste Vittu, âgé de 47 ans, cultivateur à Calonne-sur-la-Lys, atteint d'un rhumatisme sciatique à la jambe gauche, certifie qu'après avoir été retenu deux ans et demi à béquille, ayant la jambe disloquée pendant tout ce temps, je n'ai recouvré ma guérison parfaite qu'à la suite d'une neuvaine faite pour moi à saint Liévin, les médecins du pays comme ceux de la capitale n'ayant pu me faire marcher ; aussi suis-je venu après, en personne, remercier mon bienfaiteur. »

Finalement nous terminerons cette série de citations de faits prodigieux opérés par l'invocation de saint Liévin, en citant un dernier rapport qui m'a été soumis par un témoin oculaire lors de la fête du glorieux Pontife, en 1850, le sieur Thomas Bachu, vieillard respectable âgé de quatre-vingt-huit ans, domicilié à Conteville, arrondissement de Saint-Pol.

D'après son dire, un enfant âgé de quatorze ans, perclus de tous ses membres, fut apporté par ses parents dans la chapelle de saint Liévin ; placé en face de l'autel, on le lia sur une chaise pendant qu'on célébrait la sainte messe : à l'élévation, ce pauvre enfant se mit à crier à haute et intelligible voix : *Déliez-moi*; et à l'instant même il se mit à marcher, proclamant son heureuse guérison, à la grande surprise de tous ceux qui l'avaient vu porter dans le lieu saint. Alors M. Flament, curé de la paroisse, monta en

9*

chaire, pour faire entendre aux nombreux pèlerins un chaleureux discours analogue à la circonstance, prenant pour texte ces paroles du Psalmiste : *Mirabilis Deus in sanctis suis*, Dieu est admirable dans ses saints (Ps. 67, v. 3). Enfin, cet octogénaire, qui depuis plus de cinquante ans se fait un devoir rigoureux de venir, pour ce motif, et chaque année, à la neuvaine de saint Liévin, m'attesta cet autre prodige qu'il tenait de ceux qui en avaient été l'objet : Deux pèlerins, partis à cheval de chez eux pour venir à Merck-Saint-Liévin, passant près d'un moulin à eau, se trouvèrent tout à coup en face d'un précipice, dans lequel l'un d'eux tomba par une fatalité inexplicable; plongé dans le torrent, il en est aussitôt retiré par une main étrangère et inaperçue qui le déposa sur la berge. Cet heureux cavalier ne dut son salut qu'à la prière qu'il fit au saint Archevêque martyr au moment de sa chute dans les ondes.

Voilà ce que nous avons pu recueillir des récits et des effets merveilleux touchant la puissance de saint Liévin, à l'égard de tous ceux qui l'ont invoqué avec confiance, ou qui sont venus dans son sanctuaire à Merck-Saint-Liévin, pour implorer sa protection. Qu'on ne dise donc plus que le temps des miracles est passé ! Tout ce que nous venons de rapporter consciencieusement, l'événement de la Madone de Rimini (1),

(1) Comme au 9 juillet 1796 la Madone de l'Archotto à

ou de Notre-Dame de la Salette (1) viendra donner aux incrédules le plus éclatant démenti. Oui, ces prodiges inouïs qui se passent sous nos yeux en plein dix-neuvième siècle, ont de quoi confondre notre orgueil, en même temps qu'ils nous forcent à publier et à faire connaître les merveilles du Très-Haut, opérées par ses saints.

Aussi avons-nous enregistré avec bonheur tous ces prodiges qu'a fait éclater son serviteur Liévin, et qu'au besoin attesteraient plus énergiquement que mon livre, si modeste qu'il soit, les figurines, les tableaux, les petits navires, des cœurs d'argent et d'autres signes commémoratifs qu'avant comme après la Révolution française, des milliers de pèlerins n'ont cessé de déposer sur l'autel de saint Liévin (2).

Ce n'est pas sans étonnement qu'on apprendra que de mon temps même, on offrait encore des sommes

---

Rome, on vit en 1850, à Rimini, sur un tableau, le miracle du mouvement des yeux de la sainte Vierge, chez les RR. PP. du Précieux-Sang, dans les États de l'Église.

(1) L'abbé Rousselot, *Rapport sur Notre-Dame de la Salette*, 1848.

(2) Des *ex-voto* en or et en argent, une somme considérable de pièces d'or et d'argent, ainsi que *la charge d'un homme* en sous, furent trouvés dans la chapelle de saint Liévin, lors de l'inventaire fait dans cette église par Taffoureau, le 28 brumaire, l'an II de la République. (*Archives de l'église de Merck-Saint-Liévin.*)

considérables d'argent, pour oblations ou messes en l'honneur du glorieux patron de Merck-Saint-Liévin, en reconnaissance de quelques grâces obtenues ; aussi ne doutons point que de pareilles merveilles désormais seront par lui opérées, toutes les fois que des cœurs purs le prieront dans toutes les circonstances de la vie, mais surtout à l'article de la mort, car, ainsi que le disent dans leur naïveté nos bons habitants de cette paroisse, « *Saint Liévin réchappe trois fois de la mort.* »

Maintenant nous ne pouvons mieux terminer notre modeste ouvrage qu'en adressant aux nombreux pèlerins qui viennent chaque année invoquer les secours du saint Archevêque écossais, ces paroles empruntées à saint Jean Chrysostôme : « Il y a, dit cet Archevêque de Constantinople, une voix qui sort du tombeau des martyrs, elle semble dire : Voyez quels ont été nos tourments ; nous avons été livrés à la mort, mais nous avons obtenu la vie éternelle ; nous avons, pour Jésus-Christ, livré nos corps aux supplices, mais ces supplices cruels ne durent qu'un moment, et le bonheur qui les suit durera toujours. » Ainsi, poursuivons-nous avec un pieux auteur, songeons au bonheur qui nous est réservé dans les cieux, à la brièveté de la vie, qui passe comme un songe, et disons avec les saints, que les misères du temps ne sont plus rien, quand on a le cœur fixé au Ciel, et qu'on se tient attaché à la croix de Jésus-Christ, qui seul donne la consolation et la force.

HYMNE A SAINT LIÉVIN.

> *Exultet orbis gaudiis,*
> *Cœlum resultet laudibus,*
> *Sancti Livini gloriam*
> *Tellus et astra concinunt.*
>
> (Brev. rom., Com. apost.)

Que les cieux unis à la terre
Retentissent de leur bonheur,
Et du grand Liévin notre père
Célèbrent le nom bienfaiteur.

Flambeau sacré qui, sur le monde
Projetant tes rayons puissants,
As chassé cette nuit profonde
Où se perdaient nos pas errants.

Pontife, aujourd'hui notre juge,
Du haut des célestes parvis,
Prête un tendre et sacré refuge
A ceux qui sont encore tes fils.

Toi dont les lèvres salutaires
Semaient la vie à chaque pas,

Pense là-haut à nos misères ;
A toi nous pensons ici-bas.

Vers ton trône nos mains chrétiennes
S'élèvent pour te supplier ;
O grand saint, que sur nous les tiennes
S'abaissent pour nous exaucer.

Ne démens pas cette puissance
Et ces bienfaits dont nos aïeux
Nous ont conté dès notre enfance
Les détails si miraculeux.

Enhardis par tant de prodiges,
Nos cœurs, où ton culte est empreint,
Ont suivi les sacrés vestiges
De leur amour pour leur grand saint.

Le soleil, dans sa course immense,
Ne perd jamais de sa clarté ;
Toi, tu perdrais de ta puissance,
Beau soleil de l'éternité !

Non, non ; ton amour, d'âge en âge,
Passera du père à l'enfant,
Comme le plus cher héritage
Qu'on peut se léguer en mourant.

Et souvent notre amour fidèle
A *Merck* viendra te visiter ;
Car ta puissance paternelle
Se plaît à s'y manifester.

Jusqu'au jour où, sous ton égide,
Franchissant le seuil éternel,
Sans cesser d'être notre guide,
Tu nous introduiras au ciel !

Que les cieux unis à la terre
Retentissent de leur bonheur,
Et du grand Liévin, notre père,
Célèbrent le nom bienfaiteur.

℣. Seigneur, vous l'avez couronné d'honneur et de gloire ;

℟. Et vous lui avez donné l'empire sur les œuvres de vos mains.

PRIONS.

O Dieu ! qui reçûtes en odeur de sainteté votre saint confesseur Liévin, mourant victime de son zèle et de sa charité, accordez-nous de mépriser, à son exemple, pendant la vie, tout ce qui n'est point vous, et de mériter comme lui d'avoir une mort précieuse à vos yeux, par Notre-Seigneur Jésus-Christ. Ainsi soit-il.

Saint Liévin, patron des affligés, je vous prie très-humblement de vous souvenir de moi dans ma présente affliction ; obtenez-moi la patience, afin que, bénissant le nom de Dieu dans mes désolations, j'obtienne une bonne mort, et puisse jouir dans le ciel d'une parfaite consolation. Ainsi soit-il.

LITANIES

DU SAINT ARCHEVÊQUE ET MARTYR LIÉVIN, PATRON DE LA VILLE ET DU DIOCÈSE DE GAND (1) ET DE MERCK-SAINT-LIÉVIN.

Seigneur, ayez pitié de nous.
Jésus-Christ, ayez pitié de nous.
Seigneur, ayez pitié de nous.
Jésus, écoutez-nous.
Jésus, exaucez-nous.
Père céleste, qui êtes Dieu, ayez pitié de nous.
Fils, Rédempteur du monde, qui êtes Dieu, ayez pitié de nous.
Esprit-Saint, qui êtes Dieu, ayez pitié de nous.
Trinité sainte, qui est un seul Dieu, ayez pitié de nous.
Saint Liévin, apôtre de la Flandre, priez pour nous.
Saint Liévin, Archevêque d'Écosse, priez pour nous.

(1) Je me suis procuré ces litanies à Ipres, au couvent des Sœurs-Noires, où elles sont chantées en idiome flamand. Voir aux pièces justificatives, n° 20.

Saint Liévin, perle d'humilité,
Saint Liévin, lumière de justice,
Saint Liévin, fleur de chasteté,
Saint Liévin, règle de sobriété,
Saint Liévin, très-charitable envers les pauvres,
Saint Liévin, très-austère dans le jeûne,
Saint Liévin, le plus fertile champ de toutes les vertus,
Saint Liévin, le plus agréable en odeur de Jésus-Christ,
Saint Liévin, très-abondant en miracles,
Saint Liévin, auquel le vent et la mer obéirent,
Saint Liévin, dans lequel les dons célestes abondèrent,
Saint Liévin, dont la future sainteté a été révélée par une étonnante vision,
Saint Liévin, dans le baptême duquel une vision céleste a été remarquée, et une voix a fait entendre ces mots : « Aimé de Dieu et des hommes et dont la mémoire est en bénédiction, »
Saint Liévin, dont la grâce de Dieu a travaillé en vous dès votre naissance,
Saint Liévin, qui avez été abondamment gratifié de dons célestes,
Saint Liévin, qui dès l'âge de neuf ans avez chassé le démon du corps humain,
Saint Liévin, qui avez ressuscité de la mort votre nourrice,

Priez pour nous.

Saint Liévin, dont l'odeur de sainteté a été répandue par toute la terre,

Saint Liévin, qui avez été visité et consolé par les anges,

Saint Liévin, qui, sur l'avis donné par un ange, avez, en marchant sur l'eau, sans éprouver de submersion, traversé la mer avec vos disciples Follian, Heli et Kilian,

Saint Liévin, qui, recevant l'ordre de la prêtrise, avez entendu une voix céleste : « Voyez un éminent prêtre qui durant sa vie a plu au Seigneur et a été trouvé juste, » une couronne d'or étant suspendue sur votre tête,

Saint Liévin, qui, avez guéri un homme atteint d'une lèpre depuis neuf ans,

Saint Liévin, qui, avant de commencer votre mission dans la Flandre, avez célébré la sainte messe pendant trente jours sur le tombeau de sait Bavon, auquel vous en avez fait l'offrande,

Saint Liévin, qui, par le signe de la croix, avez donné la lumière aux aveugles,

Saint Liévin, qui, sous les habits sacerdotaux, avez porté le cilice, et mêlé votre pain avec des cendres,

Saint Liévin, qui, par votre ombre et le toucher de vos vêtements, avez guéri beaucoup de malades,

Saint Liévin, qui avez fui les louanges des

Priez pour nous.

hommes, comme le venin du dragon infernal,

Saint Liévin, qui avez été une lumière éclatante de la sainte Église et toujours brûlante de la clarté du Saint-Esprit,

Saint Liévin, qui avez converti dans la Flandre un grand nombre de païens,

Saint Liévin, qui avez essuyé beaucoup d'injures, enduré des coups de bâton et frappé à balles de plomb,

Saint Liévin, dont la langue a été arrachée avec une tenaille et jetée aux chiens, laquelle vous a été aussitôt miraculeusement rendue,

Saint Liévin, qui étiez animé d'un désir ardent de verser votre sang pour Jésus-Christ,

Saint Liévin, auquel Jésus avec ses disciples s'étant manifesté vous a dit : « Réjouissez-vous, mon bien-aimé ; aujourd'hui vers midi je vous recevrai dans mon royaume, »

Saint Liévin, qui dans vos souffrances avez été fortifié par le Saint-Esprit, vous disant : « Ne craignez pas, ô bien-aimé, la porte de la vie vous est ouverte ; il est temps que vous veniez dans la joie du Seigneur, »

Saint Liévin, qui, voyant vos ennemis, avez marché à leur rencontre en disant : « Seigneur je remets mon esprit entre vos mains, » et avez été aussitôt décapité,

Priez pour nous.

Saint Liévin, qui, ayant la tête tranchée, vous êtes levé, avez pris votre tête, et, la tenant dans vos mains, l'avez portée une lieue et demie de là,

Saint Liévin, dont l'âme a été par les mains des anges conduite avec une extrême clarté dans le paradis,

Saint Liévin, dont le corps a été enterré dans un tombeau fait par les anges, ayant à côté de vous sainte Craphaïlde avec son fils Brice,

Priez pour nous.

Agneau de Dieu, qui effacez les péchés du monde, pardonnez-nous, Seigneur.

Agneau de Dieu, qui effacez les péchés du monde, exaucez-nous, Seigneur.

Agneau de Dieu, qui effacez les péchés du monde, ayez pitié de nous.

Jésus-Christ, écoutez-nous.

Jésus-Christ, exaucez-nous.

Notre Père qui êtes aux cieux, etc. Je vous salue Marie, etc.

Priez pour nous saint Liévin, afin que nous n'usions jamais de notre langue que pour louer le Seigneur.

PRIONS.

Accordez-nous, ô Dieu ! par les mérites de saint Liévin, que nous retenions toujours notre langue de tout mal, et que nous ne l'employions qu'à vous louer et bénir et assister notre prochain, par Notre-Seigneur Jésus-Christ. Ainsi soit-il.

Approuvé :

J. P. Depauw, vicaire général
du diocèse d'Ipres.

PRIÈRE A SAINT LIÉVIN.

C'est à votre intercession que j'ai recours, ô glorieux saint Liévin ! Puisse la palme du martyre que vous avez obtenue pour Jésus-Christ, me donner la force de vous imiter en cette vie, et après ma mort, bénir avec vous le Seigneur, pendant tous les siècles des siècles. Ainsi soit-il.

PIÈCES JUSTIFICATIVES.

Nº 1.

Bonifacius peccator servus servorum Domini nostri Jesu Christi universis sub auctoritate S. et individuæ Trinitatis super firmam petram fundatis Ecclesiis, in summa felicitate gloriam jucunditatis æternam.

Beatissimi patris et Deo dilecti Pontificis Livini venerandus gloriosæ passionis triumphus hodiernam solemnitatem gaudii nostri in magno venerationis honore nobis celebrandam sancivit. Hujus tam excellentissimæ sanctitatis Christi athletæ magnarum virtutum insignia, quæ vestræ expandimus dilectioni, tribus discipulis suis retexentibus compariebamus Folliano, Helia et Kiliano : qui præ charitatis affectu, ut fatebantur suæ quique renuntiantes, ob spem vitæ æternæ ejus conglutianiter studuerunt adhærere vestigiis, et instrui admonitionibus, atque informari exemplis, manus nostras osculando, provolutisque in terram genibus, per ægra lacrymarum suspiria imprecati sunt nobis scribi et memoriæ in posteris conservanda ; quorum multum renisi sumus voluntati quoniam nostræ potentiunculæ pertimescebamus tantillitatem. Sed enim debiti amoris vis teneritudine suæ enervationis geminæ quoque dilectionis gemini fluas ales nostri transcendit arcana devoti pectoris, et tandem illa fraternæ conglutinationis aspiratio ipsum animum nostrum suis viribus diffidentem fragilium audaciam subeundæ difficultatis Spiritus sanctus tentamine gratia cooperante reflexit, et charitati eorum satisfacere studuimus, et hæc ad laudem et gloriam patris verbatim emendari dignum censuimus. »

Malbrancq, scholia in librum tertium *de Morinis*, p. 640, c. 3, et Meyerus, *Monumentaque Gandensium et Flandrensium*.

N° 2. — *Portrait de saint Liévin par Boniface dans Ghesquières,* t. 3, p. 105.

« Erat vultu, actu, habitu omnique corporali modo pari convenientia coaptabilis productis scilicet membris et subtilibus, mediocri quoque proceritate eminens, capite grandi, capillis flavis et planis, commixtis canis et valde raris in fronte : aures latas habens et extensas, oculos pervigiles et lætos, hirta supercilia et cana et circa frontem et tempora. Candidissimam cutem gerens, genos utpote ex crebro jejunio tenues, sed admodum rubeas, mireque jucundas ; barbam canam, digitos ductiles et graciles, nullamque prorsus superfluitatem in membris gerebat. »

N° 3. — *Portrait de saint Liévin par saint Radbode dans Surius*, p. 277.

« Quoniam bona quæ de ipso dici queunt ultro offerunt quæ si quis omnia exponenda præsumeret, Tullianæ Plantinæve eloquentiæ floribus indigeret.

« Erat reverendi admodum vuttus oculis ardentibus et ultra communem hominum valentiam perspicacibus, colore vivido, atque inexhausti vigoris, sibi parens, egenis largus, ore serenus, corpore castus, lectionibus sacris, vigiliis et orationibus indesinenter intentus. Sermone jucundus, qualitate morum sobrius, omnique bonitate præditus. »

Ainsi, d'après ces deux textes, saint Liévin était d'un aspect très-imposant ; son œil vif et son teint coloré dévoilaient aux regards l'énergie et la vigueur peu commune de sa nature ; peu attentif à ses propres besoins, il était prodigue pour les indigents ; la sérénité de son visage n'était que le reflet de sa chasteté angélique. Il vaquait sans cesse à la prière, à la méditation et aux saintes lectures ; sa conversation était agréable, ses mœurs étaient douces; il possédait, en un mot, la plus inaltérable sérénité de caractère. Son visage, son port, sa démarche, en un mot tout son extérieur étaient parfaitement proportionnés ; il avait les membres souples et agiles. D'une taille peu élevée, il avait la tête assez forte. Ses cheveux plats et d'un blond hardi commençaient à blanchir çà et là et à dégarnir peu à peu son front chauve. Ses oreilles étaient larges, son œil gai et perçant; ses sourcils, un peu hérissés, commençaient à blanchir le long du front et des tempes ; sa peau était d'une blancheur éclatante; ses joues, amaigries par un jeûne continuel, ne laissaient pas d'être encore vermeilles et agréables. Il avait la barbe blanche, la main belle et les doigts allongés ; il ne portait sur lui aucun habit de vanité. »

N° 4. — *Radbodi sancti Trajectensis Ecclesiæ famuli, de virtutibus sancti Lebvini presbyteri, et de sancto nomine ejus, quod non sine quodam futurorum præsagio sortitus est creditur.*

Inclytus Anglorum veniens Lebvinus ab oris
Sacris virtutum remis, et remige Christo,
Sæva procellosi compressit flumina Rheni
Cujus forte gravis turgebat ostia flatu, etc.

. . . .
. . . .

Nos quoque semper famulos Lebvinus habebit
Nos quia semper amat, devote hunc semper amemus,
Suavibus et modulis Christi cantemus amicum,
Ipsius et nomen latio sermone canatur,
Quale sonat, toto divisus ab orbe Britannus.

. . . .
. . . .

Quam Lebvine vide sacer ac memorande sacerdos,
Hunc præcor ut Christum recolens, nil fastibus usum.

(Suarius, p. 277.)

N° 5. — *Epître de saint Liévin en vers latins, tels qu'ils ont été trouvés dans une lettre d'Ussérius rapportée par Ghesquières, t. 3, p. 114. (Acta sanctorum Belgii: Epistola ex mss. 55 Corsendencano cum editione Usserii ab illo collata.)*

Non sum qui fuerim, festivo carmine lætus
    Qualiter esse queam, tela cruenta videns.
Audeo mira loqui, solem sine lumine vidi,
    Est sine luce dies hic sine pace quies.
Hos postquam populos conspexi luce serena,
    Sol mihi non luxit, nox fuit una mihi.
Impia barbarico gens exagitata tumultu ;
    Hic Bracbanta furit, meque cruenta ferit,

Quid tibi peccavi, qui pacis nuntia porto?
  Pax est, quod porto, cur mihi bella moves?
Sed qua, tu spiras, feritas sors læta triumphi
  Atque dabit palmam gloria martyrii.
Cui credam, novi ; nec spe frustratur inani ;
  Qui spondet Deus est ; quis dubitare potest ?
Attamen est aliquid, mœstæ solatia menti
  Quod dat, nec penitus me premit atra dies,
Ganda parat gremium, quo me fovet ubere læto,
  Invitat, mulcet, nutrit, amat refovet.
Hic est Florbertus, quem virtus flore perornet,
  Cui probitas floret, flos probitate viget.
Forma gregis, decus ecclesiæ, concordia fratrum,
  Ipse suis medicus, et medicina sibi.
Quid referam pietatis opus, quod me peregrinum
  Obsequiis lætis dum fovet addit onus,
Sufficeret fratrum fratrem dixisse Livinum,
  Pontificis nomen prægravat et domini.
Egressus patriam, pompæ mortalis honorem
  Sprevi, devovi, spes Deus una mihi (1).
Attamen inveniet, quod Christo sedulus offert,
  Quod sic sum pauper, hoc sibi nil minuet.
Plus aliquid præstat absenti munere largo,

(1) Monseigneur Parisis, Évêque d'Arras, a pris pour devise ces mots : *Spes mea in Deo est,* qui rentrent dans la pensée de saint Liévin, exprimée dans cet hémistiche : *Spes Deus una mihi.*

Præsens continuis me favet absequiis.
Hæc quoque dum scribo properans agitator aselli
 Munere nos soluto, pondere lassus adit.
Ruris delitias affert, cum lacte butyrum,
 Ovaque caseoli plena canistra premunt.
Hospita quid restas? effer jam sedula gressum,
 Collige divitias, quæ modo pauper eras.
Fervet olus siccum, sed nunc condire licebit:
 Ollula dura prius, uncta suavis erit.
Haltam, villa gravis, quæ nescis reddere fructum,
 Certicas, lappas, cur bene culta refers?
Hoc est, quo recreor, quod habet paupercula tantum
 Hospita, quod mittit vel mihi Ganda boni.
Et pius ille Pater cum donis mollia verba
 Mittit et ad stadium sollicitat precibus,
Ac titulo magnum jubet insignire Bavonem,
 Atque leves elegas esse decus tumulo,
Nec reputat, fisso cum stridet fistula ligno,
 Quod soleat raucum reddere quassa sonum,
Exigui rivi, pauper quam vena ministrat,
 Lassa vix tenues unda ministrat aquas,
Sic ego, qui quondam, studio florente, videbar
 Esse poeta, modo curro pedester equo,
Et qui castalio dicebar fonte madentem
 Dictæo versu posse movere lyram,
Carmine nunc lacero dictant mihi verba camœnæ,
 Mensque dolens lætis apta nec est modulis.
Non sum, qui fueram, festivo carmine lætus;

Qualiter esse queam tela cruenta videns!
Nec quid agam, novi: mentis tumor ista procacis
    Quem rogo, non lædat, par dare nolle pari.
Officio certare pari si nempe recuso,
    Pecco, quod magnis reddere parva moror;
Magna mihi præstat, supplex qui parvula poscit,
    Et tamen invenior tardus ad officium,
Accingar studio, quamvis non viribus æquis,
    Est non posse leve, non renuisse bonum.
Ergo tibi tumulum scribens, sanctissime Bavo,
    Qui volo, quod nequeo, quod valeo, facio.
Qui patriæ rector, spes gentis, gloria regni,
    Magnorum primus qui modo magnus eras.
Non quia magnus eras, te gloria magna beatum,
    Sed contempta decus gloria magna facit,
Pro Christo pauper, despectus, vilis egensque,
    Est Christi famulis nunc caput atque decus;
Defunctum revocans, qui morti jura tulisti,
    Monstras quippe tibi jura patere poli.
Quam tu fundasti, quæ te tenet, inclyte Bavo,
    Ecclesiam meritis protege, sancte tuis.
Hæc, Florberte pater, Livinus carmina mittens,
    Inscriptum lateri munus habere dedi:
Ut cum vastatus fiet locus ille ruina
    Carmina conservat obrutus ista lapis.

N° 6. — *Prière de saint Liévin avant sa mort, d'après Mabillon.*

« Præsta, Domine, ut in loco quo præsentia reliquiarum mearum fuerit, vel memoria nominis mei, sit semper incolumitas et abundantia pacis et omnium bonorum plenitudo florescat et qui in mari vel in aquis sive in terra, sive in carcere an infirmitate, sive in aqua præssura augustiantur, et nominis mei recordati fuerint, exaudi eos, Domine, ut cognoscant vere, quia fidelis es in electis tuis, et sanctus in omnibus operibus tuis ; et si in peccatis inciderint et per me te invocaverint, tua clementia absoluti laudent nomen tuum in sæcula, et maxime, Domine, qui hunc diem assumptionis meæ, cum devota retinuerint memoria, habeant totum annum præsentia gratiæ tuæ securum, nec eis dominetur infirmitas, nec molestiarum inquietas, sed sit eis tranquillitas pacis et sanitatis et sobrietatis quæ eos lætos perducat ad regnum gloriæ tuæ. »

Sui discipuli responderunt amen. Postea vox divinitus emissa : « Mi delecte, inquit, super his omnibus quæ benigne exorasti, scias te procul dubio exauditum. »

N° 7. — *Sanctus Brixius, martyr, apud Molan. in natalibus sanct. Belgii, 12 novembr.*

Jansénius, évêque de Gand, pendant son épiscopat, reconnut la précieuse relique de ce saint. Dans la fête de la translation des reliques de l'église de Saint-Bavon à Gand, on récite à la messe la collecte suivante : « Propitiare, quæsumus Domine, nobis famulis tuis per sanctorum confessorum tuorum Bavonis, *Livini*, Brixii, et Pharaildis quarum reliquiæ in præsenti ecclesia requiescunt, merita gloriosa, ut eorum pia intercessione ab omnibus semper muniamur adversis, per Dominum, etc. »

N° 8.

Hautem-Saint-Liévin, en 976 Holthem, en 1198 Houlthem, en 1218 Holtem, en 1252 Livini-Houtem, en 1330 Houtem (demeure en bois). (*Mémoire des noms des communes de la province orientale*, par F.-T. Willems; Bruxelles, 1845.)

Holthem, Houthem, autrefois lieu d'un pèlerinage extrêmement célèbre : on y voit encore aujourd'hui une sorte de tombeau ou de crypte, où se trouvent déposées les reliques de saint Liévin, échappées à la fureur des Normands. (*Revue de Bruxelles*, p. 1 à 38, l'an 1838.)

N° 9.

Livinus pridie idus novembris 657, in villa quæ Escha vocatur pro fide Christi martirizatus decollatur, cumque etiam nobilis matrona nomine Craphaïldis cum Brictio infante in frustris mactato capite secatur. Beatus autem martir Livinus in sepulcro novo apud villam Holthem angelicis manibus præparato a discipulis suis cum Brictio infante decenter et honorifice sepulture traditur. Beatam quoque Craphaïldem Christi martirem seorsum juxta sepulcrum sancti martiris Livini posuerunt (*Monumenta Germaniæ historica*, edidit Georgius-Henricus Pertz, t. 2, p. 186.)

N° 10. — *Épitaphe de saint Liévin.*

O Livine pater, tu cœlicolus sociatus,
Expers sorde luti, sceleris maculamine purus,
Isto conclusus saxo per sacra quiescit,
Carnea membra, quibus locus iste paratur olympo,
Angelicisque dicatis manibus tua viscera sumit,
Sub sextenis annis decies tribus auctis,

Quem mala guerra dedit eversum funditus anno.
Milleno Domini sic ciphra 1673 juncta,
Sed pietas non parva viri cuncte venerandi,
Prælati non immeriti ; Jacobus cui nomen,
Abbatis tunc Gandentis sanctique Bavonis
Restituit prisco præsentia nempe decore
Dum simul 7C/2 ciphras facientia scribo
Cujus amore preces profundus altisonantis.

N° 11. — *Extrait du bref d'institution de la confrérie sous l'invocation du saint martyr Liévin, Archevêque d'Écosse et apôtre de la Flandre.*

BENOIT XIII,

Pour en perpétuer le souvenir,

Ainsi que nous en avons été informé que dans l'église du couvent des religieuses dites sœurs Noires, de l'ordre de Saint-Augustin, dans la ville d'Ipres, une fervente et pieuse confrérie a été canoniquement établie sous l'invocation de saint Liévin, Évêque et martyr, tant pour l'un que pour l'autre sexe, etc.

Pour que cette confrérie puisse s'accroître chaque jour, nous, espérant en la miséricorde de Dieu et sur l'autorité des apôtres saint Pierre et saint Paul, accordons l'indulgence plénière à tous ceux et celles qui, après le présent bref, se feront inscrire dans la même confrérie, ainsi qu'à ceux déjà inscrits qui, étant véritablement contrits, se seront confessés et auront reçu la sainte communion.

Nous accordons de même une indulgence plénière toutes les fois qu'à l'article de la mort, étant vraiment contrits et confessés, ils auront reçu la sainte communion; ou que, n'ayant pu le faire, ils auront invoqué de bouche ou au moins de cœur le très-saint nom de Jésus.

Nous accordons encore une indulgence plénière et la rémission des péchés aux mêmes confrères et consœurs qui, ayant reçu le sacrement de pénitence, s'approcheront de la sainte Table le jour de la fête principale annuelle de la confrérie, 12 novembre, etc.

De plus nous accordons auxdits confrères et consœurs une indulgence de sept années et sept quarantaines lorsque, après avoir reçu les sacrements de pénitence et de l'Eucharistie, ils visiteront l'église des sœurs Noires d'Ipres, pour les mêmes fins, etc.

Toutes les fois qu'ils assisteront au saint sacrifice de la messe dans la même église..., ou qu'ils donneront l'hospitalité aux indigents..., assisteront aux sépultures soit de leurs confrères ou consœurs, ou d'autres, les accompagnant jusqu'à leur tombeau; qui, dans les processions, accompagneront dévotement le saint Sacrement, et lorsqu'il est porté en viatique aux malades...; lorsqu'ils enseigneront les commandements de Dieu à ceux qui les ignorent, ils mériteront soixante jours d'indulgence avec rémission de toute pénitence qu'ils auraient à faire et que nous leur remettons dans la forme usitée dans l'Église. Ces présentes lettres et grâces demeureront en vigueur dans tous les temps à venir, etc.

Donné à Rome, à Sainte-Marie-Majeure, sous l'anneau du pêcheur, ce 19 septembre 1726, la troisième année de notre pontificat.

Etait signé : J. Cardinalis OLIVERIUS.

Donné à Ipres, le 30 octobre 1826.

† JOANNES, Episcopus Iprensis.

Extrait du mandement de Monseigneur l'Évêque d'Ipres, 30 octobre 1726, touchant le règlement de la confrérie de Saint-Liévin.

Jean-Baptiste, par la miséricorde divine et l'autorité du Saint-Siége apostolique, etc., il nous a été exposé par la mère supérieure et les religieuses de l'ordre de Saint-Augustin du couvent d'Ipres, qu'elles avaient obtenu et reçu de Sa Sainteté Benoît XIII, Souverain-Pontife romain, un bref autorisant l'érection dans leur église de la confrérie de Saint-Liévin, en nous priant humblement de vouloir bien, à la plus grande gloire de Dieu, établir dans leur église ladite confrérie, en vertu de notre autorité épiscopale; n'ayant rien de plus à cœur que de voir augmenter la dévotion envers saint Liévin, avons trouvé convenable d'ériger comme nous érigeons par le présent, dans l'église du couvent des sœurs Noires à Iprès, la confrérie de tous les fidèles sous le titre et l'invocation de saint Liévin, avec la confirmation de toutes les indulgences à cette fin accordées par le Saint-Siége apostolique, lesquelles nous permettons de publier en approuvant les fêtes principales à cet effet choisies, le 12 novembre, fête de saint Liévin; le 20 novembre, qui est le dernier jour de la neuvaine de saint Liévin, le 27 juin étant celle de la translation des reliques de saint Liévin, etc.

Suit après le règlement. L'art. 3 porte que le jour de la fête on visitera l'église du couvent, à l'effet d'honorer Dieu par son grand saint Liévin.

Art. 4. Qu'on fera l'office dans cette église durant la neuvaine de saint Liévin.

Art. 6. Qu'on tâchera d'être présent à la sainte messe qui sera célébrée dans ladite église le mercredi de chaque semaine, à sept heures, en l'honneur de saint Liévin, pour laquelle assistance sont accordés quarante jours d'indulgence, etc.

Ainsi donné en notre palais épicopal, le 30 octobre 1726.

JOANNES BAPTISTA, Episcopus Ipr.

N° 12. — Séjour de saint Liévin à Merck-Saint-Liévin prouvé par le R. P. Malbrancq.

« Pæne quinto a Sithiu lapide inter *Ouvium* et Markum sancti Livinis, pone castellum *Lamotte* dictum, videtur crypta in profundiorem recessum abiens. Illic ferunt Audomarum ad aram quæ in extremo est cum lampade a testitudine pendula sacris sœpe numero operatum. Neque enim præ cæcitate sacrificium illud incruentum intermisit, uti constantius asserunt monumenta, forsan *Divi Livini* martyris quondam in eo commorantis pia uti aliorum consueverat prosequebatur facinora. » (Malbr., c. 3, lib. 4, p. 429.)

Saint-Omer prie, d'après le même auteur, le très-saint Évêque écossais de vouloir bien l'aider à cultiver et à civiliser ses indomptables Morins : « Magnopere lætus Audomarus suos Morinos a summo sanctissimoque Britanniæ Præsule cohonestari et excoli eum suis finibus omnino detinere exoptasset. » (Malbrancq, lib. 3, p. 335.)

Ils étaient vraiment indomptables ces Morins, selon cet autre texte :

Gens fera sunt Morini et intractabile vulgus ;
Ferre jugum renuunt, mutantur et omnia mutant.

(*Act. sanctorum Belgii*, 1, p. 160.)

N° 13.

Allart Trubert, soixante et unième abbé de Saint-Bertin, naquit à la Motte-Warnecque, hameau de Merck-Saint-Liévin. Ignorant l'époque de la naissance de ce religieux distingué, nous dirons de suite qu'Allart fut d'abord grainetier de l'abbaye si célèbre de Saint-Bertin, à Saint-Omer, puis abbé d'Auchy-les-Moines, près d'Hesdin, d'où il partit, sans doute, pour venir prendre la direction de Saint-Bertin. Pendant son gouvernement, cet abbé enrichit son église et répara tous les désastres causés par la guerre. Nous croyons, avec plusieurs historiens, que ce fut sous lui que durent être écrits deux manuscrits de la bibliothèque de Saint-Omer, n. 749, *Bertini sancti chronica abbatum*, et le n. 750, *Bertini sancti monasterii chronica seu cartularium Folquini*, qui porte le caractère du quinzième siècle, ainsi qu'une copie de la chronique d'Iperius, qui nous montre les armoiries de l'abbaye, avec la bordure, la crosse d'intérieur, mais sans crosse extérieure. Celles d'Allart Trubert étaient trois anniles (fers de moulins) deux et une. Il avait une crosse en pal dans l'écusson, et une étoile en cinq rayons sous chacune des deux anniles supérieures. Cet abbé fit interpréter et confirmer, par Martin V, le privilège de Calixte II, touchant l'élection des abbés et la réduction de 400 florins au lieu de 800, pour le service de la chambre apostolique. Allart gouverna l'abbaye de Saint-Bertin depuis l'an 1410 jusqu'à l'année 1425, pendant laquelle il mourut. (*Mémoires de la Morinie*, t. 3, p. 388. — Jperius. — *Histoire de l'église de Saint-Omer*. — Ma *Notice sur Merck-Saint-Liévin*, page 21. — Henri de Laplane, ancien député, inspecteur des monuments historiques, membre de la société numismatique de Londres, de l'académie royale de Madrid, de l'institut d'archéologie de Belgique, secrétaire perpétuel adjoint de la société des Antiquaires de la Morinie. Octobre 1854.)

N° **14**. — *Copie d'une attestation imprimée délivrée à une pèlerine venue à Saint-Liévin le 23 mai 1718.*

« Je soussigné commis aux saintes reliques et au célèbre pèlerinage du glorieux et miraculeux Archevêque et martyr saint Liévin, dans l'église paroissiale du village de Saint-Liévin au pays d'Artois, proche de Fauquembergues et de Renty, certifie que la veuve Placide a fait son pèlerinage et a laissé pour offrande un coq, pour la messe dix sols, pour cire trois liards, et pour cette présente attestation deux liards.

Fait à Saint-Liévin, le 23 du mois de mai de l'an 1718.

Le trésorier, ANTOINE CARDON.

Cette formule, toujours imprimée, se délivre encore aux pèlerins qui la réclament, ainsi que nous l'avons fait bien souvent.

N° 15.

L'an mil huit cent six, le huitième jour de février, l'église de Merck-Saint-Liévin a été réconciliée par M. Coyecques, vicaire général de Monseigneur l'Illustrissime et Révérendissime Évêque d'Arras, en présence des sieurs Deron, secrétaire de M. Coyecques, vicaire général ; Fasquel, ancien curé d'Ardres ; Braure, supérieur du collége de Dohem ; Bonnière, desservant de Vandonne ; Caresmel, desservant de Wavrans-lez-Aines ; de Fasques, curé de Fauquembergues ; Blondel, vicaire d'Avroult ; Patin, chapelain du château d'Hervare ; Gibeau, desservant de Thiembronne ; Alloy, prêtre habitué à Saint-Liévin ; Collart, desservant de Merck-Saint-Liévin, et d'un grand nombre d'habitants présents à ladite cérémonie ; en foi de quoi nous avons signé ce présent acte, les jours, mois, an que dessus, avec le maire de cette commune.

COLLART, desservant de Merck-Saint-Liévin; PATIN, chapelain d'Hervare ; ALLOY, prêtre; MACAU d'HERVARE, maire de Merck-Saint-Liévin, etc., etc.; COYECQUES, vicaire général.

N° 16.

Hugues-Robert-Jean-Charles de la Tour d'Auvergne Lauraguais, par la miséricorde de Dieu et la grâce du Saint-Siége apostolique, Évêque d'Arras, baron de l'Empire et chevalier de la Légion d'honneur ;

Au desservant et aux fidèles de la succursale de Merck-Saint-Liévin, salut et bénédiction en Notre-Seigneur Jésus-Christ ;

Vu le procès-verbal rédigé le 14 juillet 1808, par M. Coyecques, notre vicaire général, en vertu de la commission à lui donnée de visiter les reliques exposées à la vénération des fidèles dans ladite église succursale de Merck-Saint-Liévin, lequel procès-verbal contient :

1° Que notre dit vicaire général a trouvé une grande châsse contenant un coffre renfermant une petite châsse, où il a trouvé un os qu'on lui a dit être du bras de saint Liévin, attaché avec des rubans sur un petit coussin de velours cramoisi, auquel était tenu par un fil un vieux morceau de parchemin, où il est écrit en caractères anciens : *Reliquiæ sancti Livini, Pontificis, martyris*, et qu'il n'a trouvé ni dans la châsse ni dans le coffre aucun sceau, ni aucunes pièces authentiques ;

2° Que les assistants nommèrent deux vieillards,

dont l'un âgé de soixante ans, et l'autre de soixante-quatorze, lesquels ont déclaré avoir vu dans leur jeunesse l'Évêque de Boulogne ouvrir ladite châsse et faire la visite des reliques, qu'il a sans doute trouvées en règle, puisqu'on a continué à les exposer à la vénération publique ;

3° Que cinq des principaux habitants ont en outre déclaré que la châsse de saint Liévin est toujours restée dans l'église et qu'elle a été cachée quelque temps au-dessus de la sacristie ;

4° Qu'il conste d'après le témoignage des habitants que la relique de saint Liévin a toujours été exposée à la vénération publique, au su des Évêques de Boulogne, qui faisaient tous les cinq ans la visite des églises ; qu'il appert d'ailleurs, par la déclaration des témoins, que ladite châsse a été conservée intacte pendant la Révolution ;

5° Qu'après la visite des reliques susdites, ledit M. Coyecques les a remises dans la petite châsse, qu'il a fermée de deux rubans rouges à l'extrémité desquels il a apposé quatre cachets portant dans l'écusson la lettre D ; vu la supplique du 12 octobre 1808, signée de plus de quarante habitants qui attestent qu'il est de notoriété publique que les reliques de saint Liévin sont aujourd'hui dans le même état qu'elles ont toujours existé ; qu'elles ont toujours été exposées à la vénération du peuple, sans interruption, sans aucune opposition ni réclamation, même

-que Monseigneur de Partz de Pressy, notre prédé--cesseur de vénérable mémoire, se prosternait, faisait sa prière devant le reliquaire de saint Liévin chaque fois qu'il visitait leur église ;

Vu la lettre du 8 septembre 1808, de M. Mathon, secrétaire du vicaire général de Boulogne, dans laquelle il mande que M. Flament, ancien curé de Merck-Saint-Liévin, a écrit relativement aux reliques de saint Liévin la lettre suivante à M. Ballin, curé de Fruges :

« Je sais que Monseigneur de Pressy a jadis, dans une de ses visites, demandé quelques pièces authentiques relativement à ce culte, mais j'ignore ce qu'il en a dit. Monseigneur de Mongazin m'en proposa autant il y a environ vingt-deux ans ; je ne pus que lui répondre que les pièces qu'on cherchait étaient peut-être péries dans l'humidité et la vétusté, comme on en a vu plusieurs autres en cette église, et qu'un usage non interrompu et très-long était le seul titre qu'on pût présenter. »

M. Ballin ajoute : « Voilà ce que me dit M. le curé de Fressin. Deux choses, après cela, me paraissent évidentes : c'est que 1° depuis très-longtemps il n'y a pas de titres authentiques, et 2° que, nonobstant cela, les Évêques de Boulogne ont laissé subsister le culte de saint Liévin. »

Toutes les pièces ci-dessus mûrement examinées, nous permettons qu'on continue, dans l'église de

Merck-Saint-Liévin, à exposer à la vénération publique les reliques contenues dans la châsse fermée de deux rubans rouges à l'extrémité desquels sont apposés quatre cachets portant dans l'écusson la lettre D.

Donné à Arras, en notre palais épiscopal, sous notre sceau et le contre-seing de notre secrétaire, le deuxième jour du mois de novembre de l'an de grâce 1808.

† Ch., évêque d'Arras.

Par mandement :

Crépieux, secrétaire général.

N° 17.

L'an mil huit cent vingt-neuf, et le neuf du mois de mai, Monseigneur Hugues-Robert-Jean-Charles de la Tour d'Auvergne Lauraguais a visité la relique de saint Liévin, Pontife et martyr, et en a extrait une parcelle de cinq lignes de longueur en présence de MM. Deron, Ivain, Coubronne, Proyart et Lefebvre, repris dans le procès-verbal, renfermée dans la châsse que nous avons liée des anciens rubans, enveloppée de taffetas blanc, auxquels nous avons apposé notre sceau en deux parties différentes ; nous avons de plus, pour la sûreté dudit reliquaire, entouré le susdit tombeau d'un ruban blanc, de fil croisé, et nous avons fini par y apposer deux sceaux de nos armes dessus et dessous, à la jonction dudit ruban.

† CHARLES, évêque d'Arras; DERON, vicaire général; IVAIN, curé de Merck-Saint-Liévin ; COUBRONNE, curé d'Audincthun; VANDOME; PROYART, secrétaire; Constantin LEFEBVRE.

N° 18.

Le 7 juillet de l'année précédente, c'est-à-dire l'an 1828, Monseigneur de la Tour d'Auvergne avait écrit à Gand pour obtenir également quelque relique de saint Liévin. M. le vicaire général de Saint-Bavon répondit en ces termes à l'illustre Prélat :

« Monseigneur, nous sommes heureux de pouvoir vous faire le plaisir que vous voulez bien nous demander par votre honorée du 3 du mois. Nous avons l'honneur d'insérer dans la présente une relique tout à fait authentique de saint Liévin, Pontife et martyr ; nous aurions désiré de pouvoir donner un morceau plus remarquable, mais à l'époque des différentes révolutions, presque toutes les reliques que nous avions en masse ont été brûlées sur la place publique.

« Nous avons l'honneur d'être, avec le plus profond respect, Monseigneur, de Votre Grandeur, le très-humble et très-dévoué serviteur,

« GOETHOLO, vicaire général.

« Gand, ce 7 juillet 1828. »

N° 19.

Cette sainte relique, envoyée dans une lettre, et pour cela trop minime, aura décidé Monseigneur l'Évêque d'Arras à venir à Merck-Saint-Liévin pour s'en procurer une autre d'une plus forte dimension, ce qui explique comment l'église Saint-Géry d'Arras a eu l'insigne bonheur de se procurer aussi une petite parcelle de la relique si rare du saint Archevêque d'Écosse, saint Liévin, ainsi que nous le mentionne la communication suivante : « Le 27 mai 1829, Monseigneur a donné à l'église de Saint-Géry d'Arras un morceau du bras de saint Liévin, extrait de la châsse qui se trouve dans l'église de Merck-Saint-Liévin, canton de Fauquembergues. »

Une note écrite de la main du Prélat porte ce qui suit : « Nous donnons la présente parcelle à la paroisse de Saint-Géry d'Arras. Nous l'avons incluse dans une boîte ronde, d'argent, et posée sur un coussinet de velours soie cramoisie, et attachée sur ledit coussinet avec un fil d'or, que nous avons arrêté au-dessous d'un nœud recouvert de notre sceau. Nous voulons que ladite relique soit exposée à la vénération des fidèles et placée dans le buste du saint.

« † Ch., Évêque d'Arras. »

N° 20. — *Litanie van den H. Bisschop en Martelaer Livinus, Patroon der Stad en Bisdom van Gend.*

Heer, ontfermt U onzer.
Christe, ontfermt U onzer.
Heer, ontfermt U onzer.
Christe, hoort ons.
Christe, verhoort ons.
God den Hemelschen Vader, ontfermt U onzer.
God den Zone, Verlosser des werelds, ontfermt U onzer.
God den H, Geest, ontfermt U onzer.
H. Maria, Moeder van de Goddelyke Gratie, bid voor ons.
H. Livinus, Apostel van Vlaenderen,
H. Livinus, Aerts-Bisschop van Schotland,
H. Livinus, peerle van oodmoedigheyd,
H. Livinus, licht der Rechtveirdigheyd,
H. Livinus, bloeme der zuyverheyd,
H. Livinus, regel der soberheyd,

Bid voor ons.

H. Livinus, onvermoeyelyken Apostel,
H. Livinus, zeer mild tot den armen,
H. Livinus, zeer streng in den vasten,
H. Livinus, aldervrugbaersten akker van alle deugden,
H. Livinus, alderaengenaemsten reuk van Christus,
H. Livinus, overvloedig in mirakelen,
H. Livinus, aen wie de winden en zee gehoorzaemden,
H. Livinus, in wie de hemelsche gaven overvloedig waeren,
H. Livinus, wiens toekomende heyligheyd door een wonderbaer visioen veropenbaert is geweest,
H. Livinus, in welkers doopsel een hemelsch visioen is gezien, en eene hemelsche stemme gehoort : *Bemind van God en de menschen, wiens gedenkenisse is in gebenedydinge,*
H. Livinus, in wien de gratie des Heeren van het beginsel uws levens heeft beginnen te werken,
H. Livinus, die begaeft zyt geweest met overvloedige hemelsche Jonsten,
H. Livinus, die van uwe negen jaeren duyvelen uytgeworpen hebt,
H. Livinus, die uwe voedster van de dood verwekt hebt,

Bid voor ons.

H. Livinus, welkers reuk van heyligheyd geheel het land vervult heeft,

H. Livinus, die door de Engelen bezogt en getroost hebt geweest,

H. Livinus, die door het vermaen en geluyd van eenen Engel met uwe dry Discipelen *Follianus, Helias, en Kilianus* droogsvoets over de zee gegaen hebt,

H. Livinus, die in de wydinge des Bisdoms gehoort hebt eene hemelsche stemme : *Ziet eenen grooten Priester, die in zyne dagen God heeft behaegd, en is rechtveerdig gevonden,* hangende boven uw hoofd eene goude Kroone,

H. Livinus, die eenen negen-jaerigen melaetschen en lammen mensch hebt genezen,

H. Livinus, die eer gy uwe zendinge begonst, 30 dagen het H. Sacrificie op het graf van den H. *Bavo,* hept opgedraegen,

H. Livinus, die de blinde door het teeken des H. Kruys het gezigt hebt gegeven,

H. Livinus, die onder uw Bisschoppelyk gewaed droeg een hairen kleed, uw brood mengelde met asschen en met een weyng water,

H. Livinus, die veele zieken door uwe schaduwe en raeken uwer kleederen genezen hebt,

H. Livinus, die schouwde den lof des volks als 't fenyn des helschen draeks,

H. Livinus, die eenen klaerblinkenden fakkel

Bid voor ons.

hebt geweest op den kandelaer van de H. Kerke, brandende door 't licht van den H. Geest,

H. Livinus, die een groot getal der Heydenen in Vlaenderen bekeert hebt.

H. Livinus, die veele injurien hebt onderstaen, met loode kolven en stokken hebt geslagen geweest,

H. Livinus, wiens tonge met eene nyptange uytgetrokken en aen de honden geworpen zynde, U terstond mirakeleuzelyd weder-gegeven is,

H. Livinus, die eene groote begeirte hadde om uw bloed te storten voor C. J.

H. Livinus, aen wie Jesus, met zyne Discipelen zig veropenbaerende, heeft gezeyd : *Verblyd U, mynen beminden, arbeyd volstandiglyk, heden ontrent den middag zal ik U in myn Ryk ontfangen,*

H. Livinus, die in uw lyden door den H. Geest versterkt zyt geweest, zeggende : *En vreest niet, ô beminden ! de deure des levens is U geopent, het is tyd dat gy komt in de blydschap des Heeren,*

H. Livinus, die uwe vyanden ziende, zelfs te gemoet zyt gegaen, en roepende : *Heer in uwe handen bevele ik mynen geest,* zyt onthooft geweest,

Bid voor ons.

H. Livinus, die onthooft zynde, zyt opgestaen en uw hoofd in uwe handen nemende, het zelve een myle en half verre hebt gedraegen.

H. Livinus, wiens ziele door de handen der Engelen met eene groote klaerheyd is ten Hemel gevaeren,

H. Livinus, die begraeven zyt in een graf van de Engelen gemaekt, en nevens U de H. *Craphahildis* met haeren zone *Brixius*,

Lam Gods, enz.   *Onzen Vader enz.*

℣ Bid voor ons, H. Livinus,
℟. Op dat wy onze tonge niet en gebruyken als om God te loven.

GEBED.

Verleent ons, ô Heere! door de verdiensten van den H. Livinus, dat wy onze tonge altyd mogen wederhouden van alle kwaed, en de zelve gebruyken om uwen lof te verkondigen, en onzen even-naesten te helpen. Door onzen Heere Jesum Christum uwen Zone; die met U in de eenigheyd van den H. Geest God zynde, leeft en heerschapt door alle eeuwen. Amen.

Vidi J. F. DE PAUW, vic. gen.

TABLE

DES MATIÈRES CONTENUES DANS CE VOLUME.

	Pages.
Avertissement	VII
Avant-propos	XVII

PREMIÈRE PARTIE.

CHAPITRE PREMIER. Naissance de saint Liévin; prodiges qui l'ont précédée	1
CHAP. II. Baptême de saint Liévin	7
CHAP. III. Éducation et premier miracle de saint Liévin	11
CHAP. IV. Progrès de saint Liévin dans la piété et la science	16
CHAP. V. Nouveau miracle de saint Liévin; il se retire dans la solitude	21
CHAP. VI. Saint Liévin se rend près du roi Coloman; son voyage en Angleterre; il revient à la cour . .	25
CHAP. VII. Saint Liévin devenu Archevêque d'Écosse	31
CHAP. VIII. Saint Liévin commande à la mer; différents portraits de ce saint	36
CHAP. IX. Séjour de saint Liévin dans la Morinie; son départ pour Gand	43

	Pages.
Chap. X. Saint Liévin poursuit ses missions	48
Chap. XI. Épître de saint Liévin à Florbert	54
Chap. XII. Persécution de saint Liévin; vision de notre Sauveur à ce saint Archevêque	61
Chap. XIII. Saint Liévin menacé de la mort; son invocation à Jésus-Christ	65
Chap. XIV. Mort de saint Liévin; son tombeau apporté par les anges	71
Chap. XV. Miracles de saint Liévin après sa mort	76

DEUXIÈME PARTIE.

Chapitre premier. Vénération solennelle des peuples pour la mémoire de saint Liévin; premiers hommages rendus à ses saintes reliques	83
Chap. II. Sacrilége de Henri II au tombeau de saint Liévin; sa conversion	87
Chap. III. Translation des reliques de saint Liévin; miracles arrivés à cette occasion	91
Chap. IV. Nouvelle translation du corps de saint Liévin	98
Chap. V. Procession établie au tombeau de saint Liévin	104
Chap. VI. Désordres occasionnés par la procession de la châsse de saint Liévin; sa suppression	108
Chap. VII. Destruction de la châsse de saint Liévin par les hérétiques; progrès du culte rendu à sa mémoire	113
Chap. VIII. Tombeau de saint Liévin; description de ce monument	118
Chap. IX. Miracles opérés par l'intercession de saint Liévin; chapelles et confréries érigées en son honneur	125

TROISIÈME PARTIE.

Pages.

Chapitre premier. Origine du nom de Saint-Liévin donné à la paroisse de Merck 131

Chap. II. Arrivée de la relique de saint Liévin au village de Merck................ 137

Chap. III. Description de l'église de Saint-Liévin à Merck ; miracles opérés par son intercession pendant le siége de Renty 143

Chap. IV. Les reliques de saint Liévin, à l'occasion des guerres d'Artois, sont transportées à Lille ; elles sont rendues à l'église de Merck 150

Chap. V. La relique de saint Liévin préservée d'une nouvelle profanation ; visite de Monseigneur de la Tour d'Auvergne, Évêque d'Arras, à la châsse du saint dans l'église de Merck 159

Chap. VI. Pèlerinage et neuvaine en l'honneur de saint Liévin ; marins de Berck, près de Montreuil, de Calais, d'Étaples et de Boulogne-sur-Mer ... 167

Chap. VII. Les matelots boulonnais à Merck-Saint-Liévin, 28 juin 1850 174

Chap. VIII. Miracles opérés par l'intercession de saint Liévin, en faveur de ceux qui sont venus l'implorer dans son sanctuaire, ou qui partout ailleurs ont réclamé sa protection 184

Chap. IX. Suite des miracles opérés par saint Liévin. 194

Hymne à saint Liévin 205

Litanies de saint Liévin 209

Pièces justificatives 215

www.ingramcontent.com/pod-product-compliance
Lightning Source LLC
Chambersburg PA
CBHW070543160426
43199CB00014B/2352